Steve Calzada

El fútbol es descomplicado

imago mundi

Steve Calzada

El fútbol es descomplicado

Historias y verdades incómodas del fútbol que nadie se atreve a contar

Ediciones Destino Colección Imago Mundi **Volumen 399**

Ediciones Destino, un sello editorial de Editorial Planeta, S. A.
Avda. Diagonal, 662-664, 08034 Barcelona (España)
www.planetadelibros.com
www.edestino.es

Primera edición: marzo de 2026
ISBN: 978-84-233-6944-7
Depósito legal: B. 24.550-2026
Composición: Realización Planeta
Impresión y encuadernación: Limpergraf, S. L.
Printed in Spain - Impreso en España

A mis padres, a Carol y a Martí,
el núcleo familiar

ÍNDICE

INTRODUCCIÓN

El fútbol es descomplicado. Una simple frase que para mí define muy bien lo que es este deporte. La vi en un anuncio de una casa de apuestas deportivas. Pese a que esa empresa en concreto utilizaba el lema con la finalidad de engañar a quien lo viera y convencerlo de que apostar en partidos de fútbol y ganar dinero es fácil, hace tiempo que decidí robársela para aplicarla y utilizarla en las conversaciones de bar (que no VAR) del día a día, sobre todo cuando aparece el típico enteradillo que quiere explicarme que mi equipo perdió el partido porque los jugadores fallaron en la circulación del balón y los extremos no corrieron bien el espacio.

En los últimos años tengo la impresión de que medios de comunicación, clubes y otras entidades se esfuerzan por hacer cada vez más complicado el fútbol para el espectador. Si echamos un vistazo a los vídeos de entrenamientos antiguos, vemos cosas más sencillas, directrices claras, preparadores físicos con un único objetivo: que los jugadores estuvieran en buenas condiciones para jugar los noventa minutos de un partido. No como ahora, armados con veinte iPads para que los futbolistas estén perfectos. Pese a estas innovaciones, parece que se lesionan muchos más jugadores que antes.

Si nos fijamos en las declaraciones históricas, todo era más fácil y directo. Un ejemplo es la mítica frase de Johan Cruyff antes de que sus jugadores disputaran la final de la Champions: «Salid y disfrutad». Un mensaje claro y directo, cortita y al pie. Sin embargo, hoy en día miras cualquier documental de esos que están tan de moda dentro del vestuario de los grandes clubes y, cuando oyes al entrenador dar las indicaciones correspondientes antes de salir al campo, o bien no entiendes la mitad, o bien tienes la sensación de estar en una clase de matemáticas, completamente perdido.

El objetivo de este libro es ofrecer mi humilde punto de vista sobre la situación actual por la que pasa el fútbol y tratar todos los temas de actualidad para mostrar que, aunque se esmeren en proyectarnos este deporte como algo complicado con tanta competición nueva, tanta táctica, *fair play* financiero y estupideces varias..., el fútbol es descomplicado. A veces tengo la impresión de que para entender algunas noticias que aparecen en los medios sobre sanciones a clubes, problemas con inscripciones de jugadores o cambios de calendario constantes se necesita una carrera universitaria, y al final a nosotros, los espectadores, lo que nos gusta es ver a los once jugadores que defienden el escudo de nuestro equipo darlo todo en el campo, pelear por cada balón como si fuera el último y, lo más importante, que la pelotita entre. Y si vemos un partido que no sea del equipo al que animamos, lo que nos interesa es ver muchos goles, jugadas claras e incluso de vez en cuando alguna tangana o momentos de tensión entre grandes rivalidades para animar un poco el cotarro.

Quiero recalcar que lo que vas a leer es mi opinión. No espero que la compartas ni que estés de acuerdo con ella y, en el caso de que en alguno de los temas que trate consideres que no llevo razón o tengas un punto de vista diferente, puedes escribirme en mis redes sociales y, quién sabe, tal vez un día nos tomemos una cerveza o un café en un bar y me convenzas de que estoy equivocado. Insisto, mi única intención es mostrar el mundo del fútbol tal como yo lo veo en mi condición de aficionado, porque no soy ningún experto ni espero serlo. De hecho, voy a aprovechar esta pequeña introducción para contaros quién soy, porque probablemente muchos no me conozcáis.

Mi nombre es Esteve Calzada, aunque muchos me conocen en redes sociales como Steve, y desde pequeño mi vida ha estado vinculada al mundo del fútbol. A algunos les sonará el nombre que acabo de mencionar por mi padre, que ha formado parte de grandes clubes, fue director de marketing del F. C. Barcelona, director comercial del Manchester City y es director general del Al-Hilal en el momento en que escribo este libro. Crecí yendo al estadio del Barça en cada partido, viajando muchas veces con los jugadores, con muchas camisetas de cada uno de los viajes que mi padre hacía por trabajo... Cuando empecé a tener uso de razón, y en vista de que la vía estudiantil que tenía en el horizonte no estaba hecha para mí, empecé a crear contenido en las redes sociales. Me convertí en lo que mucha gente conoce como *youtuber* o *influencer*, como prefiráis llamarlo: los dos términos me dan la misma rabia. En mi canal hacía contenido de fútbol, noticias de última hora, reacciones a partidos del Barça desde el campo...

Lo cierto es que no me fue mal con el canal de YouTube, llegué a los 250.000 suscriptores y gracias al éxito digital encontré trabajo en diferentes agencias de comunicación y empresas que necesitaban campañas de marketing con *influencers*.

Unos años más tarde tuve la idea de crear un medio de comunicación sobre fútbol que solo existiera en redes sociales, cien por cien digital, y así fue. Lo llamamos Post United y lo creamos entre cuatro personas, todas ellas vinculadas de alguna manera al mundo del deporte. Hoy en día ya hemos alcanzado los trece millones de seguidores entre todas las plataformas online y somos el medio digital número 1 en España.

Y ahora que ya sabes un poco más de mí, creo que podemos empezar con lo bueno. Espero que mis opiniones te parezcan interesantes y que podamos conectar virtualmente a través de este libro... ¡Que ruede el balón!

I

LAS REDES SOCIALES, EL NUEVO ENEMIGO DE LOS FUTBOLISTAS

Una de las pocas certezas que podemos tener en la vida es que los tiempos han cambiado. Huelga decir que eso también es aplicable a la industria del fútbol. Con la irrupción de las redes sociales ha nacido una nueva sociedad. La generación digital muchas veces tiende a confundir lo que sucede en la red con lo que pasa en el mundo real.

Como suele ocurrir, la nueva tiene cosas buenas, pero también malas, y son muchas. Este submundo ofrece la posibilidad de ponerte una careta y, escudado en el anonimato, escribirle cualquier opinión o comentario a otra persona. Es algo que asusta, teniendo en cuenta la rabia que habita en el interior de algunos seres. Aunque parezca una novedad, es algo que ha pasado toda la vida en este deporte. Si nos detenemos a leer la hemeroteca de la liga española, se han cruzado algunas líneas que hoy día consideraríamos impensables..., aunque bueno, impensables, lo que se dice impensables... Ya hablaremos de esto más adelante. Un ejemplo fue aquel famoso Real Madrid-Rayo Vallecano disputado en el Santiago Bernabéu, donde se pudo escuchar durante todo el partido el terrible y racista cántico: «Negro, cabrón, recoge el algodón», con total impunidad para quienes lo gritaban. Otro ejemplo fue el mítico Clásico en el que Figo regresaba al Camp Nou como jugador del Real Madrid y se lanzaron al terreno de juego fajos de billetes, cabezas de cerdo y todo tipo de barbaridades.

Muchas personas utilizan los estadios como vía de escape a sus problemas personales, aprovechan ese momento para chillar, insultar, pelearse con otros aficionados... Todo ello, con la excusa de que estas actitudes obedecen a lo que ha ocurrido en el campo, algo que no es del todo cierto.

La gran diferencia es que en esos tiempos el espectador desataba toda su ira en el momento del juego y una vez terminado el partido el jugador se marchaba a su casa, el fan volvía a su rutina familiar y laboral y el capítulo quedaba cerrado en noventa minutos. Todo quedaba olvidado. Ahora esto ha cambiado.

Empecemos con un ejemplo célebre, y después entraremos en detalle con casos menos conocidos que han derivado en situaciones muy complicadas para algunos futbolistas. Vinícius Júnior es un jugador de talla mundial, habilidoso, con una calidad inmensa. Algunas actitudes y reacciones del brasileño no gustan demasiado a ciertos aficionados, lo que provoca que, automáticamente, una oleada de usuarios (la mayoría, con perfiles anónimos) se dediquen a citarlo y a dejar en sus publicaciones en redes emoticonos de monos, insultos racistas y muestras de odio hacia el jugador. Es decir, lo que antes se quedaba en el campo ha trascendido al día a día de un futbolista que cada vez que entra en sus perfiles lee este tipo de mensajes y comentarios hacia su persona. Hablemos también de casos más recientes como el de Ousmane Dembélé, antiguo jugador del Barça, del que no salió en muy buenos términos. Durante la temporada 2023-2024, el PSG (Paris Saint-Germain, equipo en el que ahora juega) eliminó a los culés en los cuartos de final de la Champions League. Debido a una sonrisa que mostró a cámara después del partido, sus últimas publicaciones se llenaron de comentarios muy parecidos a los ya mencionados al hablar de Vinícius Júnior.

Muchas veces alguien salta para defender a los jugadores a quienes se ataca. Entonces, los comentarios del tipo «pobre Vinícius, no es justo que tenga que aguantar esos insultos en su Instagram» reciben de inmediato respuestas como «de pobre, nada; con lo que cobra, que se aguante». Es muy fácil decirlo, y por lo general estos comentarios reciben la aprobación de todos, pero no me parecen justos. En el contrato del futbolista no aparece ninguna cláusula que diga: «Como vas a cobrar trece millones de euros por temporada, tendrás que aguantar que te llamen mono, hijo de p*** y cualquier tipo de barbaridad en tus perfiles personales online». Además, quienes se llaman a sí mismos «aficionados» atacan no solo al jugador, sino que también buscan los perfiles de familiares: mujer e incluso padres para increparlos.

Cada cual gestiona estas situaciones como buenamente puede. Vinícius Júnior las utiliza para motivarse y ser cada día mejor en el campo, es decir, aquello por lo que objetivamente cobra el salario que cobra. Pero a veces pierde los papeles y provoca a la grada o dedica gestos despectivos a los rivales. Mucha gente lo atribuye a que es mala persona y un alborotador, pero me gustaría saber cómo reaccionarían esos «aficionados» si un día llegaran a su puesto de trabajo y mientras se afanan con el ordenador hubiera veinte personas a su alrededor criticando todo aquello que hacen: «Halaaa, cómo pones ese número en el Excel», «Estás haciendo mal la operación», «Eres malísimo», «A ver si te echan de una vez, que no das una...». Entonces sucedería lo mismo que en el fútbol: algunos pasarían olímpicamente y seguirían con su trabajo como si nada, pero muchos se girarían y les dirían de todo a esas personas o perderían la cabeza por completo. Huelga decir que la actitud de Vinícius Júnior no siempre es la correcta, pero hay que contemplar la situación en su totalidad para entender el porqué de muchas de sus reacciones.

Un caso que admiro mucho es el de Rodri, el centrocampista del Manchester City. El ganador del Balón de Oro es un jugador de talla mundial, uno de los mejores en el momento en que escribo este libro. Desde que empezó en la industria del fútbol tuvo claro que no quería formar parte del mundo digital y nunca ha tenido ningún perfil en redes sociales. Es una decisión muy complicada, porque el hecho de tener un perfil en Instagram o en cualquiera de las plataformas proporciona muchos seguidores, da notoriedad y aporta muchas campañas de marketing con marcas, porque esos seguidores que lo apoyan se convierten en fans que lo siguen en todo su día a día. Esto activa el interés de las marcas por convertirlo en su embajador y cerrar acuerdos por grandes sumas económicas que van más allá de las que cobra solo por jugar al fútbol.

La decisión de Rodri muestra a las claras que solo se quiere ganar la vida jugando en el campo. Sabe que donde es bueno y demuestra su calidad cada fin de semana es el estadio, delante de miles de espectadores. No quiere servir de ejemplo a nadie ni mostrarle a la gente su vida personal: solo quiere hacer su trabajo. Probablemente ganaría mucho más dinero y, en lugar de cobrar trece millones de euros al año, tal vez ganaría veinte, pero eligió este camino porque se conoce a sí mismo y sabe que el hecho de leer cada día comentarios y opiniones de la gente en sus perfiles personales podría afectar a su rendimiento laboral. Sucede como en cualquier empresa: hay personas que nada más salir de la oficina desconectan el móvil y el ordenador, por lo que sus jefes ya saben que no podrán molestarlos fuera de las horas estipuladas en el contrato, y luego hay otras que están siempre disponibles y conectadas al teléfono por si pasa cualquier cosa o hay que acabar una presentación importante desde casa. Ambas opciones me parecen igual de válidas, nadie es mejor que nadie. A veces oyes a gente decir que tienes que darlo todo por la empresa, estar disponible las veinticuatro horas por si ocurre algo y así te verán como un gran trabajador entregado a la causa, y escalarás puestos en la empresa, pero ¿acaso la otra persona es peor por conciliar el trabajo con la vida personal? No.

Un futbolista tiene un puesto de trabajo muy peculiar y engañoso para aquel que no esté preparado. Es una profesión en la que cada fin de semana lo ven miles de espectadores, tanto en el estadio como en casa. Los familiares, amigos y personas de su entorno a quienes no tenía controladas le escriben mensajes y se preocupan por él, porque lo que hace aparece en el día a día de las vidas de todos y permite a los demás estar pendientes de lo que haga. De este modo, quienes se dedican a ello reciben la atención constante de la gente, lo cual es muy peligroso: si no son conscientes de la realidad, el día en que dejan el deporte y se convierten en personas anónimas desaparecen para quienes siempre se preocupaban por ellos. Nace así la sensación de que no le importan a nadie. Por eso es muy importante que siempre tengan claro que deben entrenar cada día, hacerlo lo mejor que puedan y mantener un entorno sano y de confianza, y no rodearse de gente que solo les diga lo bien que lo hacen todo. No es fácil de gestionar, y las redes sociales lo hacen todavía más difícil.

El mundo digital es muy traicionero y efímero. Es como una droga: cuando el jugador rinde al máximo nivel, su equipo encadena victoria tras victoria y se encuentra en lo más alto en todas las competiciones, recibe mensajes de apoyo, es el mejor, no hará más que recibir mensajes de cariño y todos se preocuparán por él en todo momento. Entonces se enganchará a leer todos los comentarios y probablemente, por un segundo, pensará que es el rey y que lo hace todo bien. Pero debe ser consciente de que muchas de esas personas que pululan por la red no le serán fieles y que, de la misma forma que lo apoyaban en su mejor momento, algún día dejarán de hacerlo y se convertirán en sus *haters* porque lo único que les importa es que el equipo gane, no tienen ninguna vinculación emocional real.

En definitiva, en esta nueva era, el jugador debe elegir. Imaginaos a Morfeo, el personaje encarnado por Lawrence Fishburne en la película *Matrix*, con la pastilla roja en una mano y la pastilla azul en la otra. Si se toma la azul y decide aceptar las ventajas de este mundo digital actuando y mostrando lo bonita que es su vida social y privada a los miles de seguidores que hay en la red a cambio de ganar notoriedad y posibles contratos de miles de euros con muchas marcas, tendrá que asumir que todos los internautas se sentirán parte de ella y se permitirán el lujo de juzgar y opinar sobre todo cuanto haga. Entonces, su vida dejará de ser solo suya y pasará a serlo de todo el planeta, y se enfrentará a diario con todo tipo de comentarios, buenos y malos, que podrán irritarlo y afectarlo a la hora de ejercer su profesión. Por otro lado, si decide tomar la pastilla roja, desconectará de la Matrix y entenderá que la preocupación más importante en su puesto de trabajo es tener un buen agente que le encuentre equipo, ir a entrenar a diario, tener una pareja y una familia que realmente lo quieran y un grupo de amigos que estén a su lado en los momentos importantes, no la tontería de abrirse un perfil de Instagram con muchos seguidores y los comentarios sin ningún tipo de validez que reciba de personas que cuestionan su vida o su calidad futbolística a través de cuentas anónimas y mensajes llenos de odio escritos desde el sofá de su casa.

2

LAS CASAS DE APUESTAS, LA ETAPA MÁS DURA DE MI VIDA

Cuando me propusieron escribir este libro, solo tenía una cosa muy clara: en esta charla de bar virtual (o, más que charla, monólogo) que hemos creado en unas cuantas páginas se tiene que hablar de todo. Esto es como una conversación con tus colegas de toda la vida en la taberna de Manolo esperando a ver quién suelta la burrada más gorda. La única diferencia es que solo escribo yo y tú lees; pero, como ya te dije en la introducción, estoy abierto a discutir en mis redes sociales cualquiera de los temas aquí expuestos.

En todo grupo de amigos unidos por el fútbol, ya sea por la pachanga de los jueves o amistades de la escuela, en algún momento de la vida ha aparecido el tema de las casas de apuestas. De hecho, en algún momento de su vida, todo aficionado a este y cualquier deporte ha hecho una apuesta o ha participado en una porra de bar, una quiniela... Yo me incluyo. En el caso de mi generación, desde que empezabas a ver partidos te fijabas en los anuncios de estas páginas durante los espacios de publicidad. Soñabas con ser mayor de edad porque al ver tanto fútbol seguro que te harías millonario invirtiendo dinero en predecir los resultados o sucesos de cada partido.

Todo comenzaba con el mítico Sportium de tu barrio. Allí te juntabas con tus amigos, hacías una selección de cosas surrealistas pero que en tu cabeza tenías claro que iban a suceder, ponías 1, 2 o 5 euros y soñabas con los 500 euros que podías ganar (cosa que nunca pasaba). Siempre existía el típico amigo que te decía que una vez hizo una combinada (apuesta con muchas selecciones) en la que puso 1 euro y ganó 1.200 euros, así que te decías en tu cabeza: «Si él lo ha hecho, yo puedo ganar el doble porque sé más», y sin saberlo te estabas adentrando en un mundo del que muchas personas no han sido capaces de salir.

Las casas de apuestas son una muestra más de lo curioso que es el ego del ser humano, ese sentimiento de creer saberlo todo e incluso creerse preparado para predecir el futuro pronosticando resultados de partidos. Y cuando digo curioso me refiero a la seguridad que tiene una persona cuando pone 50 euros a que el Getafe ganará al Leganés después de haber visto dos partidos de ambos equipos en toda su vida. Sin embargo, el talante y la prepotencia a la hora de apostar dinero en algo que no controlan ni conocen lo suficiente desaparece a la hora de hacer sus tareas del día a día; esa seguridad al poner el billete en la maquinita o confirmar el pago con el móvil es imperceptible cuando tienen que hacer su trabajo (para el que sí se han preparado toda la vida) o decidir si aman o no a la persona que tienen a su lado. No es cualquier tontería, todo aquel al que le gusta el fútbol tiene algún amigo o conoce la historia de personas que no se dieron cuenta de lo peligroso que es este mundo de las apuestas y con treinta años siguen gastando gran parte de su salario o del dinero de sus familiares esperando a que llegue el día en el que doblen y recuperen todo lo que han perdido durante doce años. Incluso se meten en grupos de personas autodenominadas «pronosticadores deportivos», que, a cambio de una tarifa mensual bastante elevada, muestran sus predicciones como si fueran algo cien por cien fiable y seguro. Lo cierto es que el fútbol realmente es impredecible.

Os voy a contar mi experiencia con estos sitios y cómo conseguí afrontar el problema y tener una relación cordial con las apuestas. En mi caso empecé con dieciocho años y de la forma más tonta posible. Yo no estudiaba por aquel entonces, así que me ganaba la vida haciendo vídeos en YouTube. Era una época complicada porque mis vídeos generaban cada mes cerca de cinco millones de visitas en total, pero por aquel entonces la plataforma no pagaba lo que ahora. Me llevaba entre quinientos y seiscientos euros al mes, pero era muy volátil porque a veces mis vídeos no se veían tanto y generaba trescientos euros. No tenía gastos porque vivía en casa de mis padres y cobraba a través de PayPal, que en ese momento no estaba regulado. Cuando eres tan joven, cualquier cifra te parece una barbaridad, y más si tus compañeros siguen estudiando sin tener ingresos. En este contexto, un *youtuber* con el que tenía mucha relación me vendió la típica moto de que había una página online en la que se podía apostar, jugar a la ruleta y muchas cosas más con dinero de PayPal. Según él, ganaba mucho siempre y aquello era muy fácil; caí de lleno. Además, me gusta aprender probando las cosas y dándome cuenta de lo que está bien y de lo que está mal cuando me pego la leche, y perdón por la expresión. Así fue: cada mes me gastaba casi todo mi salario en ese sitio, lo perdía y luego trataba de recuperarlo semana tras semana. Un grupo de creadores de contenido nos reuníamos en llamada por Skype y pasábamos horas y horas jugando, hasta que un día comprendí que, sin saberlo, me estaba convirtiendo en un ludópata. Conseguí dejarlo, pero conocí mi lado más frágil. Aunque tenía muy claros los conceptos de bien y mal, esa cabeza, que parecía tan amueblada, se desordenaba por completo al entrar en casinos y páginas online, y todo parecía dejar de importarme, incluso la vida. Lo hablé con mis padres. Me comprendieron y, por suerte, con el tiempo y muchas sesiones de terapia con un profesional, todo quedó como una anécdota.

Siempre he tenido claro que no me gusta meterme en negocios que no entiendo; es algo que forma parte de mi personalidad. Cuando me han propuesto invertir en cosas que no sé o no controlo, siempre he dicho que no. Aquí va un buen ejemplo. En cierta ocasión entré a trabajar en una *startup* de ahorro para ayudarlos con el marketing de *influencers* y el director ejecutivo me dijo: «Te recomiendo que inviertas una parte de tu salario en bitcoin. Aunque sea poco, tal vez algún día se convierta en mucho». Le respondí que no lo entendía y que no quería poner mi dinero en algo que se me escapaba por completo. En ese momento un bitcoin valía trescientos euros, así que ya te puedes hacer una idea de cómo me siento cada vez que me dicen su valor actual. Pero ya está bien de rollos, que me voy por las ramas. Con veinte años me pasaba el día pendiente de los partidos de cualquier liga para crear contenido en mi canal de YouTube, pero tenía un problema con el que creo que muchas personas empatizan: me cuesta mucho disfrutar del fútbol si no hay pasión. De hecho, admiro a gente como Maldini o Davo (*streamer* argentino de fútbol) que pueden pasarse horas y horas viendo partidos porque admiran y entienden el deporte más allá del amor por un equipo. Soy un fan incondicional del Barça, y ver sus partidos me supone una tremenda sobredosis de emociones. Cuando enciendo la tele y el balón empieza a rodar, sé que los próximos noventa minutos tienen un objetivo claro: la victoria de mi equipo. El aburrimiento no tiene cabida. Cada balón dividido es desenfreno y adrenalina; cuando considero que el árbitro se equivoca al pitar una acción en contra, siento ira. Termina el partido y, aunque mi equipo haya perdido, yo he pasado los mejores noventa minutos de mi vida, aunque jueguen contra el colista de la liga. Sin embargo, cuando me tocaba ver partidos de otros clubes para estar al corriente de qué jugadores despuntaban o conocer el estilo de juego de los equipos que estaban de moda en ese momento, me invadía una sensación de vacío y aburrimiento totales.

Para explicar mejor uno de los grandes contras que tiene este deporte, recurriré a una reflexión que suele venirme a la cabeza cuando pienso en ello. A veces decides pasar una noche en casa tranquilo viendo una película. Pero llega el momento de elegir lo que vas a ver y se te abre un amplísimo abanico de posibilidades. Además, tienes acceso a reseñas e información. No necesitas verla para saber si esas dos horas sentado en el sofá serán tiempo de calidad o no. Sin embargo, cuando entras en Sofascore, BeSoccer o cualquier otra aplicación sobre los próximos eventos deportivos, tienes también una cantidad de opciones increíbles. A lo mejor hay un Barça-Atlético, un Nápoles-Juventus y un Manchester City-Chelsea a la misma hora: tres opciones que *a priori* no pueden fallar. No se tiene en cuenta que los entrenadores no plantean los partidos para el disfrute del espectador: tienen un objetivo, ganar, y si para lograrlo deben mantener la posesión durante todo el partido y defender con cinco jugadores, lo van a hacer. No van a pensar: «Salgo con tres defensas al campo y cinco delanteros para que Pablo se lo pase mejor en su casa y no se aburra». El encuentro que has elegido se convierte en un juego táctico apasionante para los expertos, pero a ti, que no eres aficionado de ninguno de los dos equipos, te parece un tostón.

Visto así, cuando apostaba, ese Espanyol-Rayo Vallecano, que tan pesado me parecía en condiciones normales, ahora era un duelo apasionante y lleno de tensión para mí. Estaba pendiente de si un jugador marcaba o de si había más de siete saques de esquina, abroncaba a los jugadores por ese despeje que se convertía en saque de banda y no de esquina, lo cual era una estupidez. No ponía mucho dinero, cinco eurillos, o dos, poca cosa, hasta que llegó el Mundial de Rusia en 2018 y decidí invertir mucho dinero porque creía saber mucho y poder forrarme. Error. Recuerdo que mi madre guardaba en casa un sobre con dinero para mí por si algún día tenía alguna necesidad importante o me pasaba cualquier cosa. Me armé de valor y dije que iba a multiplicar ese dinero para gastármelo en fiestas o en aficiones absurdas. No tenía en cuenta que había pasado de apostar cinco euros a doscientos, y la sensación ya no era la misma. La descarga de adrenalina tan divertida que tenía por poner poco dinero y ganar mucho había pasado a ser tensión y ansiedad por el miedo a perderlo. Me temblaban las manos durante el partido. Si ganaba estaba eufórico, todos los problemas y pensamientos negativos desaparecían, solo existía la visión de un nuevo mundo en el que iba a ser millonario, tener el coche con el que siempre había soñado, pagar la mesa más cara de la discoteca de moda. Mi vida iba a cambiar. Ni que decir tiene que siempre ganas la primera apuesta, porque te decantas por un enfrentamiento fácil y elecciones muy probables. Pero, a medida que ganas dinero fácil y te creces, pierdes la cabeza por completo. Sin darte cuenta, tus decisiones son ahora mucho más arriesgadas: crees que todo te va a salir de cara y no pararás de ganar. Entonces viene la dosis de realidad y pierdes quinientos euros porque España no es capaz de ganarle a Marruecos, decides poner otros quinientos para recuperarlos con una selección todavía más loca, y los vuelves a perder, y en solo noventa minutos has pasado de ser la persona más feliz del mundo a sentirte miserable y vacío. Ese éxtasis que habías sentido y todas esas ilusiones que tu cabeza creaba ahora son tristeza y los peores pensamientos del mundo. Perdí todo ese dinero, pensé en mil excusas para que mis padres no se dieran cuenta de que me había convertido en un adicto, pues cuando lo supieran se me acabarían las apuestas y, con ellas, esas sensaciones a las que tanto me había enganchado. Pero pensé que si no quería recaer debía contarles la verdad y pedirles ayuda. Por suerte fue lo que hice, y gracias a ellos logré ver la realidad de este mundo tan goloso y peligroso a la vez. En los últimos años he conseguido tener una bonita relación con esta adicción: me autoexpulsé de todas las casas de apuestas y tomé la decisión de no volver a apostar jamás solo ni con el objetivo de ganar dinero, eché todas esas emociones negativas y me quedé con las divertidas, que aparecen cuando hay un auténtico partidazo y tres amigos ponemos cinco euros cada uno con las selecciones más surrealistas sabiendo que es completamente improbable ganar, y que el único objetivo es ver el partido juntos, pasar un rato divertido y agradable. He pasado de gastarme auténticas burradas de dinero cada mes a solo cinco euros cada dos semanas, pero lo más importante es que he aprendido a disfrutarlo y quitarme de la cabeza el erróneo pensamiento de que puedo ganar mucho dinero con ello.

Después de dar la brasa sobre mi vida, toca hacer una reflexión de lo difícil que a la industria del deporte le resulta lidiar con estas empresas. El objetivo de cualquier entidad vinculada a un deporte concreto es conseguir que este tenga el máximo de espectadores posibles y que el aficionado del Real Madrid vea también partidos del Betis o del Athletic Club para tener más audiencias y vender los derechos de televisión más caros. Lo cierto es que las casas de apuestas son vitales para mantener y aumentar los seguidores del fútbol, porque no todo el mundo lo disfruta como los expertos. Además, el fútbol tiene un componente social, está en las conversaciones cotidianas, y formar parte de una de estas y sentirte desplazado porque no has visto el Liverpool-Manchester United del pasado fin de semana no mola. Así que tomas como agua caída del cielo cualquier excusa para ver un partido y disfrutarlo sin aburrirte.

Por tanto, la industria del fútbol tiene una papeleta muy difícil. De cara a la galería debe mostrar que las casas de apuestas son muy peligrosas y pueden arruinar tu vida, con normativas como la de LALIGA, en la que los equipos no pueden tener patrocinadores principales vinculados a estos sitios, pero a la vez sabe que, sin estas, su gallina de los huevos de oro podría peligrar y se perdería audiencia. Es una lucha de valores y ambición en la que por desgracia suele ganar la segunda. Está claro que la decisión de adentrarte en este mundo te corresponde solo a ti, de modo que hazte un favor, a ti y a quienes te rodean, y no entres nunca, aunque te aparezca el *banner* online diciéndote que por apostar cinco euros te regalan cincuenta. No caigas en esa trampa: no merece la pena arriesgarlo todo por nada.

3

EL FÚTBOL, LA MAYOR ARMA DE BLANQUEO

Aunque amo este deporte con locura, soy muy consciente de las realidades que lo rodean. Desde mi punto de vista, el fútbol se creó para entretener a la sociedad y amenizar la vida de las personas. Es una venda que tapa los ojos a la gente. Esto queda claro en los mundiales: los países que tienen más aficionados animando en el estadio son aquellos que precisamente pasan por una situación económica o política muy complicada.

En 2022, Argentina vivía un momento terrible, el país estaba completamente bloqueado con manifestaciones constantes y una población preparada para una revolución debido a la pobreza e inseguridad que sentía. Se tachaba de corruptos a los políticos y la gente pedía a gritos un cambio radical en el sistema. Da la casualidad de que mi psicólogo estuvo en Buenos Aires durante esos días y me aseguraba que, si Argentina no ganaba el Mundial, nada podría frenar una revolución. Pero entonces pasó lo que todos los argentinos soñaban. Su selección no era muy vistosa, pero eso sí, la lideraba el que para mí es el mejor jugador de la historia, Leo Messi. De ese modo, el 18 de diciembre de 2022 se proclamó campeona del mundo por tercera vez en la historia.

Por un momento, toda la población se olvidó de los Kirchner, de Milei, de la inflación... Todo eso pasó a un segundo plano: eran campeones del mundo, nada importaba más que eso. Cinco millones de personas se reunieron en las calles de Buenos Aires. Por unos instantes reinó el caos. La gente destrozaba el mobiliario urbano, e incluso hubo quien se subió a lo más alto del Obelisco arriesgando la vida para llevar la celebración y sus emociones al máximo nivel. Las autoridades decretaron el 20 de diciembre como festivo nacional para homenajear a sus jugadores que acababan de conseguir el mayor logro posible para su país. Durante meses, todos los argentinos volvieron a sentirse orgullosos de su nación y nadie recordaba la grave situación económica que se vivía ni pensaba en ella.

Ni que decir tiene que nada de esto es casualidad. Desde siempre, el fútbol (cualquier deporte) ha sido un arma muy poderosa para blanquear a líderes, especialmente dictadores. A mucha gente (incluido tú, que lees este libro) solo le apetece desaparecer por completo cuando pierde su equipo. Lo que iba a ser una noche de fiesta, celebración con amigos o desconexión se convierte en una noche en la que no quieres ver a nadie porque el club al que amas ha perdido. Durante unos días, hasta que vuelven a jugar, estás más irritable y sientes que los problemas son más grandes de lo que en realidad son.

Sin embargo, cuando tu equipo gana todos tus

problemas desaparecen al instante. Llevabas unos días preocupado porque te habían echado del trabajo o pasabas por un mal momento con tu pareja y, cuando el árbitro pita el final y ves que tu equipo ha ganado, todo pasa a un segundo plano.

Y esto no pasa desapercibido a los grandes líderes de estos países. Conscientes de ello, aprovechan para darle una importancia mayúscula al éxito nacional en el fútbol y de ese modo tapar sus tejemanejes.

Uno de los dictadores más crueles que se valieron del fútbol como estrategia para mostrar al mundo el poderío de su país fue Benito Mussolini. En el año 1934 tenía un objetivo claro: quería que la Copa del Mundo se disputara en su país, Italia, y, por supuesto, ganarla. Estaba dispuesto a hacer lo imposible para lograrlo.

Mussolini quería enseñarle al mundo que su régimen fascista era superior a cualquier otra nación, quería demostrar la supremacía de la raza italiana, y lo mejor que se le ocurrió fue organizar el Mundial y ganarlo. Se encargó personalmente de convencer a Jules Rimet, en aquel momento presidente de la FIFA, y de presionar a Suecia, el otro candidato a albergar la competición, para que se retirase. Lo que me resulta más gracioso de todo es que él quería enseñarle a todo el planeta lo fuertes y poderosos que eran los italianos. Sin embargo, para tener la mejor plantilla posible, nacionalizó a cinco jugadores brasileños y argentinos; lo cual es muy curioso, porque si quieres poner de manifiesto que tu raza es superior, ¿no resulta un poco contradictorio que lo hagas con gente de una raza que consideras inferior? En fin, cosas mías.

Los jugadores de la selección tenían una presión máxima. Se clasificaron para la semifinal y recibieron un telegrama aterrador que decía: «Vencer o morir». Estaban atemorizados, sabían lo que Mussolini era capaz de hacer y ese mensaje se lo dejaba muy claro: o ganaban o las consecuencias serían terribles para todos.

Vittorio Pozzo, el seleccionador, los tranquilizó diciéndoles: «No os preocupéis, he hablado con el jefe de árbitros y nos pasarán unos informes impecables de todos los colegiados, además el Duce cena con el árbitro cada día antes del partido». En ese momento los futbolistas tuvieron emociones encontradas. Por un lado, estaban tranquilos porque sabían que todo estaba bajo control y era imposible perder ese partido, pero por otro dudaban de su talento y de la euforia derivada de ganar todos los enfrentamientos con grandes goleadas, porque esas victorias estaban manchadas por la influencia del Duce sobre los árbitros.

La selección italiana eliminó a la española y se clasificó para la final, el árbitro tuvo que anularle dos goles al rival para facilitar la victoria de los italianos y no tener problemas con Mussolini.

Cuando llegó el día de la final frente a Checoslovaquia, el estadio estaba abarrotado, más de 45.000 personas alentaban a su país para conseguir la gloria. Nadie pensaba en la dictadura ni en lo terrible que era el régimen fascista, en la cabeza de los aficionados solo había lugar para la posibilidad de ser campeones del mundo por primera vez en la historia. El partido se fue al descanso con empate a cero, algo inadmisible, así que Mussolini tuvo que tomar cartas en el asunto y bajó al vestuario a hablar con los jugadores.

Entró por la puerta dando golpes y gritando, pero con un mensaje muy claro: «Italianos, ¡es hora de vencer o morir!». Aprovechó el momento para coger por banda a Vittorio Pozzo y atemorizarlo con unas palabras dignas de cualquier película de suspense: «Usted es el único responsable del éxito, pero que Dios lo ayude si fracasa». En aquel instante el seleccionador tenía claro que si no ganaban ese partido tendría problemas para volver a casa y abrazar a su familia.

Al final, la *squadra azzurra* logró la victoria con un gol en el último minuto e Italia se proclamó campeona del mundo. Mussolini estaba pletórico, y eso que no era un gran amante del fútbol, pero tenía claro cuál era el objetivo real de esa victoria.

Sin embargo, lo que define mejor y encaja a la perfección con este capítulo fueron las palabras de Monti, uno de los futbolistas argentinos que se nacionalizaron para jugar con Italia aquella Copa del Mundo. Se le acercó un periodista para preguntarle por sus sensaciones después del partido y la respuesta fue demoledora: «En el Mundial de 1930 recibí amenazas si mi Argentina derrotaba a Uruguay; cuatro años después, las amenazas eran de muerte si no era capaz de ganar con Italia la final contra Checoslovaquia». En ese momento verbalizó que era una simple marioneta a merced de los líderes de los países, que utilizaban a los futbolistas para tener engañada a la población o, como en el caso de Mussolini, para sacar pecho delante de todo el mundo y mostrar lo fuertes, buenos y poderosos que eran los italianos.

Por desgracia, Monti no fue la única marioneta de los poderosos. El mismísimo Pelé también fue víctima de estas presiones, y tuve el honor de escuchar en persona su historia y contemplar su desolación.

Era un 2 de diciembre de 2017, yo tenía diecinueve años y me dedicaba a grabar contenido en YouTube. Uno de mis grandes apoyos siempre fue mi padre, que aprovechaba cualquier oportunidad para conseguir camisetas firmadas o grabaciones con algún jugador de primer nivel.

Resulta que un amigo con quien había trabajado lo llamó para decirle que estarían con *O Rei Pelé* en el hotel Palace de Barcelona por el rodaje de un anuncio y lo invitaron a conocerlo en persona. Esa mañana me llamó, me preguntó: «¿Quieres conocer a Pelé?» y ya te imaginarás qué respondí...

Además, me comentó que había hablado con su representante y este le había dicho que grabaría un saludo para mi canal de YouTube. Estaba emocionado, no era consciente de la oportunidad que tenía delante de mí, iba a conocer al que muchos consideran el mejor jugador de la historia, y encima lo podría sacar en mis redes.

Nos acercamos al hotel. Yo temblaba de los nervios. Subimos al ascensor, y cuando llegamos a la planta y se abrieron unas puertas gigantes, allí estaba, como si nada, sentada en un comedor, una de las mayores leyendas de la historia de este deporte.

Entramos en la sala y llegó el que probablemente haya sido el momento más surrealista de toda mi vida. Mi padre se puso a hablar con su representante acerca de historias y anécdotas que habían vivido juntos. Yo estaba quieto, admirando a Pelé, que comía tan tranquilo una bolsa de chips de plátano frito. Al verme mirarlo mientras me temblaba la mano, me hizo un gesto para invitarme a sentarme con él.

Me quité todos los nervios de encima para acercarme, me ofreció una silla a su lado y empezó una conversación que hoy en día sigo sin creerme. Voy a relatar la conversación (la P indica las intervenciones de Pelé y la S, las mías), aunque adapto el texto, ya que hablaba un español mezclado con portugués un poco complicado de entender.

P: ¿Cómo estás, chico?

S: Muy nervioso, todavía no me creo lo que está pasando.

P *(Se ríe mientras va comiendo sus chips de plátano frito)*: ¿Tú sabes quién soy yo?

S: Por supuesto.

P: Pero eso no es verdad, tú solo conoces lo que la gente te ha dicho sobre mí, así que te voy a contar algunas cosas para que me conozcas mejor.

S: Vale.

Fue un momento muy tierno, me recordó a cuando te sientas con tu abuelo y este empieza a contarte sus batallitas de juventud, pero no terminaba de asimilar que fuera el mismísimo Pelé quien me las contaba. Me pareció que le hacía ilusión porque yo era joven y realmente no conocía su historia, y se le dibujaba una sonrisa a medida que me iba contando cada detalle.

P: ¿Tú sabías que a mí no me gustaba nada que me llamaran Pelé? ¡Lo odiaba!
S: No, ¿por qué?
P: Mis padres me pusieron el nombre de Edson por Thomas Edison, el inventor de la luz, y yo estaba muy orgulloso por ello. Cuando llegué al colegio y jugaba al fútbol en el recreo, unos chicos empezaron a llamarme Pelé para molestarme y yo me enfadaba todo el día con ellos, incluso llegué a pelearme por el mote que me habían puesto.

Él se reía todo el rato al ver mis reacciones cada vez que me contaba algo, porque básicamente me pasé toda la conversación boquiabierto escuchando y sonriendo mientras trataba de disfrutar de ese momento sin pensar mucho.

Cogió confianza conmigo y me hizo una confesión que solo entendí unos años después. Hace referencia al asunto de este capítulo y es el motivo por el que cuento esta batallita.

P: ¿Recuerdas el Mundial de Rusia?
S: Sí.
P: Ahí pasé uno de los peores momentos de mi vida.

S: ¿Por qué?

P: Cuando me invitaron a ir al estadio a ver los partidos, yo estaba muy nervioso porque había una situación que quería evitar.

S: ¿Cuál?

P: No quería ver a Putin. Todos me habían dicho que me quería conocer y hablar conmigo, pero yo no quería verlo ni salir en ninguna foto con él por todo lo que había hecho en su país, no me parecía bien y no estaba de acuerdo con eso. Me pasé todos los partidos tratando de evitarlo hasta que un día me hicieron una encerrona mientras estaba en una sala descansando y apareció por la puerta Maradona, con Putin y más personas. Había fotógrafos y pasé mucha vergüenza.

Después de esta confesión aparecieron mi padre y su representante. Este llevaba una camiseta para firmar y nos avisó de que ya nos teníamos que ir. Grabó un saludo para mi canal y nos marchamos de vuelta a casa.

Le estuve dando vueltas durante muchos días a esas palabras de *O Rei*, pero no fue hasta unos años más tarde cuando las entendí.

La plataforma Netflix estrenó un documental sobre la vida de Pelé. En él se relataba un momento que vivió durante la dictadura militar en Brasil, y solo entonces comprendí el porqué de la anécdota que me había contado.

El régimen comenzó en el año 1964, cuando Pelé era la estrella de Brasil en todos los sentidos, era un icono. El dictador Emílio Garrastazu Médici, considerado el más sanguinario y cruel de la historia del país, sabía lo importante que era tener una buena relación con *O Rei* debido a lo que significaba este para el pueblo.

Pelé nunca tomó partido; de hecho, una vez le preguntaron si le gustaría ser político y su respuesta fue clara: «No sé nada de política, no la entiendo». Él mismo cuenta en su documental que no sufrió durante los años de dictadura porque era consciente de lo que tenía que hacer, jugar al fútbol, y así lo hizo. En sus numerosos encuentros con Garrastazu Médici les tomaron fotografías dándose la mano y abrazándose, cosa que molestó a muchos brasileños que veían en él a la única figura capaz de plantarle cara al poder, como había hecho Muhammad Ali en Estados Unidos al negarse a ir a la guerra de Vietnam.

Durante el régimen militar, fallecieron centenares de brasileños en aplicación de una ley institucional que permitía detener a cualquier persona sin necesidad de una causa. Pelé confiesa en el documental que oyó noticias sobre las torturas a ciudadanos y las muertes por el solo hecho de manifestarse, pero él estaba de gira con el Santos y no tenía la certeza de que esas cosas que aparecían en los medios fueran reales.

«Siempre tuve las puertas abiertas, todo el mundo lo sabe, incluso cuando las cosas estaban muy mal. Y siempre me buscaban para que apoyara a uno u otro bando», dice *O Rei*.

El día en que se convirtió en el primer futbolista profesional de la historia en alcanzar los mil goles, se le comunicó que el dictador quería verlo en persona para felicitarlo y decidió ir. Muchos brasileños perdieron entonces la fe en su ídolo al verlo rendirse ante el poder.

En esta parte del documental, Pelé explica muy bien la realidad que vivió durante ese período:

> No creo que hubiera podido hacer otra cosa, porque ¿dónde estabas en la dictadura?, ¿de qué lado estabas? Yo creo que la gente se pierde con esas cosas. Yo soy de Brasil, quiero lo mejor para mi pueblo, no era un superhombre, no hacía milagros, no era nada. Era una persona normal a quien Dios le dio el don de jugar al fútbol, pero tengo la certeza absoluta de que ayudé mucho más a Brasil con mi fútbol y con mi manera de vivir que muchos políticos a los que les pagan por hacer ese trabajo.

Es evidente que podría haberse posicionado y cambiar el curso de la historia del país con solo unas palabras, o plantándole cara al Estado, pero, como siempre, es más fácil decirlo que hacerlo. ¿Qué habrías hecho tú? Eres el mejor jugador de fútbol del planeta, todo el mundo te adora y de la noche a la mañana un régimen militar se apodera de tu país. Constantemente ves imágenes de militares que apalean gente en las calles donde has crecido, ves las represalias que sufren aquellos que se enfrentan al poder y a quienes asesinan o someten a crueles torturas.

Entiendo y admiro a las personas que no le temen a la muerte y son capaces de entregar su vida por la patria, pero también me parece igual de comprensible que otras no se vean capaces de hacerlo y simplemente decidan seguir con su vida tratando de pasar desapercibidas para no acabar en una celda sin ventanas, torturadas día y noche. Pelé eligió aceptar la situación, no posicionarse ni a favor ni en contra, y trató de amenizar la vida de la gente, que, pese a la terrible dictadura militar que sufría, podía ir cada domingo al estadio del Santos a ver jugar al 10 y, durante noventa minutos, olvidarse de todo, algo muy necesario en esos momentos.

Conocer esta historia de Pelé durante la época más dura jamás vivida en Brasil me hizo entender su miedo cuando era consciente de que podía cruzarse con Putin durante el Mundial de Rusia: no quería revivir su experiencia con Emílio Garrastazu Médici.

Como le ocurrió al nacionalizado italiano Monti, los altos cargos del país también utilizaron a Pelé. Les pusieron una etiqueta que no pudieron elegir: tan solo eran marionetas en manos de personas crueles y sin piedad.

Soy un amante de este deporte y lo seré por el resto de mi vida, pero creo que para disfrutarlo es bueno conocer la realidad y no dejarse llevar a los extremos, porque al final no deja de ser un espectáculo marcado por los intereses de otras personas que solo desean blanquear su imagen. Así que vívelo con pasión, enfádate, llora, pero no olvides que hay vida más allá del fútbol, tómatelo como lo que es, un entretenimiento más para pasar un buen rato con amigos y familiares.

Si no, perderás el tiempo enfadándote o sintiéndote mal por cosas que no son tan importantes. El gol más importante de tu vida no será el de Iniesta contra Países Bajos en el minuto 116, sino el que meterás tú al crear una familia con la persona a la que amas. No olvides que, en este partido, nunca sabes en qué momento el árbitro pitará el final.

4

LA HOMOSEXUALIDAD EN UN VESTUARIO DE FÚTBOL

Me encanta dedicarle un capítulo a este asunto, que por lo visto es tabú en la industria de este y cualquier deporte. Hay algo que me sorprende especialmente: la gran diferencia entre cómo se percibe la homosexualidad en el deporte masculino y cómo se percibe el lesbianismo en el femenino. Da la impresión de que en este está completamente normalizado y nadie se sorprende ni hace comentarios banales cuando ve a alguna jugadora compartir en sus redes sociales alguna foto con su pareja mujer, pero en aquel se ve como una barbaridad y una falta de hombría, e incluso se utiliza para insultar a algunos futbolistas.

¿Hay futbolistas homosexuales? Por supuesto que sí, y muchos más de los que creemos. Sin embargo, en toda la historia del fútbol solo diez jugadores han sido capaces de decir abiertamente que les gustan los hombres. Si analizas el caso que comentaré a continuación, entenderás por qué es tan complicado que otros lo hagan público.

Hablemos de la trágica historia de Justin Fashanu, el primer jugador que se declaró públicamente homosexual. Nacido en 1961 en Inglaterra, era hijo de un abogado nigeriano, pero lo criaron sus padres adoptivos en Norfolk. No lo tuvo nada fácil, ya que era negro en una sociedad que aún no aceptaba a las personas de color, y además su familia era pobre. Dio los primeros pasos en la industria del deporte como boxeador, hasta que la cantera del Norwich City vio en él un delantero ideal para sus categorías inferiores. En 1977 dio el salto al primer equipo y acumuló varias cesiones en Australia para adquirir experiencia, hasta que cuatro años después el Nottingham Forrest apostó por él y lo incorporó en sus filas pagando más de un millón de libras; en aquel momento fue el fichaje más caro de un jugador de raza negra. Pero lo más relevante de ese traspaso no fue ese récord. En Nottingham, Justin descubrió los problemas que iban a marcar el resto de su vida por ser futbolista y homosexual.

Allí se topó con Brian Clough, un entrenador de la vieja escuela. En su biografía, este describe una conversación que tuvo con el futbolista anglonigeriano durante un entrenamiento:

—¿A dónde vas si quieres una rebanada de pan? —le preguntó el técnico.

—Al panadero, supongo —respondió tímidamente Justin.

—¿A dónde vas si quieres una pata de cordero? —insistió.

—Al carnicero —volvió a indicar el jugador.

—Entonces, ¿por qué cojones sigues yendo a ese maldito club de maricones?

Tal vez se tratara de uno de los momentos más

vergonzosos que vivió Justin Fashanu. Así supo que habían descubierto su sexualidad, y le quedó muy claro que esta no le hacía ninguna gracia a su entrenador, que no mostraba ningún tipo de respeto hacia ella.

Su paso por el Nottingham Forrest no fue nada fácil y su relación con compañeros y técnicos del club se complicó cuando descubrieron ese lado oculto tan mal visto en aquel entonces. Se marchó y acumuló varios traspasos y cesiones en muchos equipos sin terminar de asentarse. En 1990 llegó uno de los peores momentos de su carrera: el día en que le dijo al mundo que era homosexual. Un gesto que debería ser visto como muy valiente dada la época en que lo hizo, pero que esconde un trasfondo terrible y muy ruin. Para explicarlo bien, primero tengo que poner en contexto prácticas sucias que han ejercido algunos medios ingleses para sacar titulares e información de la vida privada de los futbolistas.

Algunos medios de comunicación británicos han contratado a chicas de compañía para que engatusen a futbolistas casados, tomarles fotografías acompañados de estas mujeres y de este modo amenazarlos con hacerlas públicas. Fashanu fue víctima de esta práctica.

El diario inglés *The Sun* extorsionó al futbolista avisándole de que, si no les concedía una entrevista confesando su homosexualidad, la harían pública ellos mismos con titulares sensacionalistas que le podrían hacer mucho daño. Así pues, la portada del 22 de octubre de 1990 no dejó indiferente a nadie, pues tenía un mensaje claro y bien grande para darle más importancia: «SOY GAY, confiesa la estrella futbolística que costó más de un millón de libras». Esta confesión forzada terminó de hundir a Fashanu. Su hermano, que también era jugador profesional, dijo en una entrevista que Justin era un paria y que no le gustaba que la prensa relacionase su apellido con la homosexualidad. Incluso se ofendió porque «la gente se pensará que soy yo». Su familia lo repudió y los clubes no lo querían en su plantilla para evitar polémicas en los medios.

No tiró la toalla y siguió jugando en equipos de divisiones inferiores, pero el fatídico final llegó en 1998, cuando Fashanu vivía en Estados Unidos y lo acusaron de violar a un joven de diecisiete años. El caso quedó en nada al absolverlo por falta de pruebas. Sin embargo, no lo superó y el 2 de mayo de ese mismo año lo encontraron ahorcado en un garaje en las afueras de Londres donde dejó una carta de despedida estremecedora:

> Me he dado cuenta de que ya me han condenado como culpable antes de comenzar el juicio. Nunca abusé de aquel joven. Sí, tuvimos sexo, pero basado en el consentimiento mutuo. A la mañana siguiente él me pidió dinero, y cuando le dije que no, me respondió: «Espera y verás». Ya no quiero ser una vergüenza para mis amigos y mi familia. Espero que el Jesús que amo me acoja. Finalmente encontraré la paz.

Su vida estuvo llena de injusticias y persecuciones constantes por el solo hecho de tener una vida sexual diferente a la de los demás. Tomando este caso como ejemplo, ¿cómo va a confesar su homosexualidad un jugador de talla mundial si sabe que tendrá una exposición multiplicada por diez? Las dificultades serán mayores al tener que lidiar con el mundo digital en el que vivimos. De hecho, todos los futbolistas que lo han hecho público juegan en ligas minoritarias y con poco impacto mediático. El único que lo hizo formando parte de la considerada mejor liga del mundo fue Justin Fashanu, si bien es cierto que debido a presiones de la prensa y al precio de ser rechazado por todos los que lo rodeaban.

Lo cierto es que no parece viable que algún día podamos ver a un jugador de la talla de Leo Messi, Cristiano Ronaldo o Neymar hacer pública su homosexualidad, y voy a tratar de explicar por qué en tres puntos:

La presión social

En cuanto un futbolista de este calibre haga público el comunicado, recibirá automáticamente miles de mensajes y comentarios con todo tipo de barbaridades. Además es probable que lo ataquen en los estadios e incluso su propia afición lo rechace. Voy a poner tres ejemplos muy conocidos en los que el jugador jamás ha dicho ser gay, y aun así lo han atacado solo por creer que sí lo es.

El primero es un jugador emblemático del madridismo, Guti. Durante un tiempo corrió el rumor de que había quedado con una mujer en teoría transexual. Además, la gente lo definía como un «metrosexual», porque siempre tenía buen aspecto y cuidaba mucho su imagen. Nada más aparecer la noticia en la prensa rosa, las aficiones de los equipos rivales se unieron para gritar el cántico «Guti maricón». De hecho, cuando en los últimos años ha ido a algún campo como narrador de DAZN también ha recibido estos comentarios por parte de la grada.

El segundo caso es el de Pep Guardiola, mítico entrenador y jugador del Barça. También hubo habladurías sobre su sexualidad, y en algún partido se le cantó lo mismo que a Guti o cosas peores. La afición del Real Madrid le dedicó estas líneas: «Ay, Guardiola, ay, Guardiola, qué delgado se te ve. Primero fueron las drogas y hoy por Chueca se te ve». Con ello se daba a entender que el ahora técnico se drogó y que también lo vieron por Chueca, un barrio de Madrid conocido por la cantidad de personas gais que viven en él.

El último y más reciente caso sucedió con Mbappé, que vivió una situación parecida a la de Guti. Unas imágenes mostraban al delantero francés con una mujer supuestamente transexual. En este caso, los ataques se multiplicaron por culpa de las redes sociales, donde a diario se podían encontrar bromas y estúpidos chistes vacilando sobre su sexualidad. Durante el Mundial de Catar recibió cánticos de la afición argentina que lo apodaban «tragabolas».

Son solo tres muestras de las faltas de respeto hacia una supuesta sexualidad que han recibido jugadores y técnicos casados o emparejados con mujeres. Pensad por un momento cómo serían estas campañas de odio si se hubieran dirigido a personas que hubieran hecho pública su homosexualidad...

Los contratos con las marcas internacionales

Con la internalización de los clubes gracias a la venta de derechos televisivos a todos los países del mundo, los futbolistas de equipos como Real Madrid, F. C. Barcelona, Manchester United o Liverpool se convierten en estrellas no solo en sus países, sino también en el otro lado del planeta. En 2013, Nick Harris, editor de finanzas deportivas de la página sportingintelligence.com, reveló que el Manchester United contaba con 108 millones de seguidores solo en China. Otro estudio encargado por el Barça en 2017 reveló que los países extranjeros donde más seguían al club culé eran Estados Unidos, Brasil, Turquía, China, Japón, México, Indonesia e India.

Gracias a esto, los jugadores que pertenecen a estos equipos ganan una gran masa de fans en sus redes sociales de muchos lugares diferentes, con culturas y formas de pensar que chocan con las propias. Por ende, reciben ofertas millonarias de marcas que son muy fuertes en esos sitios para que sean sus embajadores. Sin embargo, se trata de un arma de doble filo, ya que una simple publicación en

Instagram o en X que resulte ofensiva para esa cultura puede causar la ruptura de los contratos.

Pondré un ejemplo muy ilustrativo ajeno al mundo del fútbol. El jugador de baloncesto Kyrie Irving, de la NBA, perdió un contrato de muchos ceros con Nike al promocionar una película antisemita, e incluso lo suspendieron durante cinco partidos. Hizo varias entrevistas para pedir disculpas por las palabras que había proferido y el daño que le había causado al colectivo judío, pero no pudo recuperar su acuerdo con la marca estadounidense y se le cerraron muchas puertas con otros grandes sellos del sector.

Pues ahora pensad por un momento en los contratos que podría perder un jugador de la talla mediática de Cristiano Ronaldo, con sus más de 650 millones de seguidores en Instagram y una gran base de la audiencia en países de Oriente Medio, si un día decidiera comunicarle al mundo que es homosexual. Probablemente hasta tendría que marcharse de Arabia Saudí (país en el que está jugando), por el revuelo que provocaría en la cultura de allí, donde se puede castigar con pena de muerte tener esta orientación sexual en caso de que el implicado esté casado con una mujer.

Un vestuario multicultural

Por último, hablemos de la multiculturalidad propia de los equipos de las grandes ligas.

Si un jugador de un equipo de la quinta categoría del fútbol español confesara su homosexualidad a sus compañeros de vestuario (todos ellos del mismo país), la reacción sería de sorpresa, pero estoy seguro de que se aceptaría. Sin duda recibiría bromas de mal gusto y comentarios despectivos de algún compañero, y eso sería todo, pues en los últimos años ha habido mucha concienciación y muchas campañas para acabar con el odio al colectivo LGTBIQ+. Sin embargo, en los clubes de talla mundial hay personas de muchos países y culturas diferentes, y cabría hablar de un auténtico choque de trenes, pues la cosa podría ir más allá de las palabras o las bromas.

Una muestra son las campañas que hacen en Francia e Inglaterra poniendo el brazalete de capitán con la bandera del arcoíris como muestra de apoyo. Muchos futbolistas ayudan a la causa y se lo ponen, pero otros, como Idrissa Gueye, se lo tapan o lo tachan: que los vean en sus países con ese gesto podría causarles grandes problemas debido a las penas que sufren las personas homosexuales en esas zonas. A Gueye lo criticaron en Francia, pero en su Senegal natal recibió un enorme respaldo y el mismo presidente del Estado salió en su defensa. Lo más probable es, pues, que, si un jugador comunicara públicamente que le gustan los hombres, compañeros como Idrissa Gueye evitaran cualquier tipo de contacto o imagen con él, lo que afectaría al bienestar del grupo. Podría llegarse incluso a la adopción de medidas drásticas por parte de los directivos del club para evitar problemas, como le pasó a Justin Fashanu. Muchos clubes no se atrevieron a hacerse con sus servicios, por miedo a posibles ataques en la prensa.

Siendo sincero, me parece imposible que algún día tengamos un jugador de primer nivel que haga pública su condición de gay, si tenemos en cuenta que el fútbol es y será un deporte visto en todo el mundo y seguido en su mayor parte por hombres heterosexuales. Es algo que no va a cambiar, ya que se pretende que tenga cada vez más audiencia para tratar de generar el máximo dinero posible. Es una pena conocer casos de futbolistas que tienen que inventarse una vida paralela con mujeres e hijos para no sufrir episodios como los que un día sufrió Justin Fashanu.

Entrevista anónima a un futbolista profesional

Gracias a mis amistades dentro del mundo del fútbol, he conseguido ponerme en contacto con un futbolista profesional homosexual que no ha hablado nunca públicamente de ello y vive su sexualidad en secreto. Por respeto a su petición, esta entrevista está publicada de forma anónima. La S soy yo, y la X, el jugador.

S: En primer lugar, ¿cómo estás?

X: Bien, bueno, mal, porque perdimos ayer, pero dentro de lo que cabe, bien.

S: ¿Por qué te has prestado a concederme esta entrevista para hablar de tu sexualidad si es algo que siempre has llevado en secreto?

X: Creo que puede ayudar a que el mundo del fútbol sea un poquito mejor, porque es una cosa tabú, es algo que siempre me ha dado miedo expresar, he conseguido llevarlo bien con mis amigos cercanos, pero en el ámbito del fútbol me da muchísimo respeto. Si puedo dar medio pasito adelante para que sea de ayuda a la gente que es como yo y tiene mis mismos gustos, bienvenido sea.

S: ¿Te da miedo que alguien de tu entorno o del mundo del fútbol descubra tu identidad al leer esta entrevista?

X: No.

S: ¿Cómo definirías el vestuario de un equipo de fútbol?

X: Somos veinte tíos allí dentro y es un ambiente en el que me siento totalmente cómodo, pero al final lo que puede molestar si alguien se entera son más sus ideas y sus prejuicios que lo que es en realidad.

S: ¿A qué edad o en qué momento te diste cuenta de que te gustaban los hombres?

X: Yo creo que, desde pequeño, con ocho años ya dices «vaya tío» o «vaya tía». En mi caso me gustan más los hombres, pero también he hecho cosas con mujeres. Esto lo mido en porcentajes. Entre un chico atractivo y una chica, el noventa por ciento de las veces me atraerá más el chico que la chica.

S: Cuando te diste cuenta de que también te gustaban los hombres, ¿se lo dijiste a tus padres?

X: No, me quedé calladito, porque pensaba: «Esto es lo que me gusta, pero es un poco raro, no es lo normal».

S: ¿Y ahora lo saben?

X: Sí, ya hace tiempo que lo saben.

S: ¿Y cuál fue su reacción? ¿Te apoyaron?

X: Mi madre, sí, pero mi padre me estuvo dando el sermón de que si en el mundo del fútbol se descubría mi carrera acabaría y me podrían quitar las oportunidades que merecía solo por el hecho de que me gustaran los hombres, cosa que entiendo porque la función del padre es proteger.

S: ¿Lo llevaste siempre en secreto o algunos de tus compañeros o entrenadores conocían tu sexualidad?

X: A los entrenadores nunca he sido capaz de decírselo, pero algunos compañeros de los que me he hecho muy amigo lo han terminado por saber. Al final, es con los compañeros con quienes juegas, pero cuando alguno se convierte en un amigo de verdad... De todos modos, son muy pocos, te puedo asegurar que solo lo saben cuatro mal contados.

S: ¿Por qué crees que la homosexualidad es un tema tan tabú en esta industria?

X: Porque el fútbol se ve como un deporte de hombres, del más fuerte, de que gana el que la tenga más grande, y, por lo visto, ser homosexual te quita fuerza, te hace más pequeño. Solo son estereotipos, desde mi punto de vista.

S: ¿En algún momento te planteaste hacerlo público?

X: No, pero tampoco me he negado. No me gusta exponer mi vida a través de las redes sociales, me gusta vivirla, y si en algún momento me pillan o me ven, no quiero que me importe más de la cuenta. Sé que suena raro porque no he sido capaz de abrirme en público, pero por lo menos con mi gente cercana me estoy abriendo más y eso para mí significa quitarme de encima un peso que no tendría que ser tal.

S: ¿Crees que si tus compañeros de equipo, rivales o aficionados conocieran tu secreto te tratarían diferente?

X: Depende de la persona. Mira cómo recibieron la noticia las personas de mi entorno más cercano. Al ser mis amigos y conocerme de antes, los posibles prejuicios se eliminaron. La mayoría me respetó, pero otros me decían que de haberlo sabido me habrían tratado diferente, e incluso alguno me llegó a decir que esto era una enfermedad y que ya me curaría. Me respetaron como persona; sin embargo, eso era lo que pensaban. Aun así, a esas personas las sigo queriendo porque no dejan de ser mis amigos, pero, aunque entienda que cada uno tenga sus pensamientos, me duele. Por eso creo que, si lo supieran aficionados, compañeros o personas que no me conocen tanto, probablemente me atacarían con comentarios muy negativos.

S: ¿Has conocido a otros jugadores homosexuales que también lo llevaban en secreto como tú?

X: Sí, pero cuesta. Te pondré dos ejemplos. Tuve un compañero del que me hice muy amigo. Le hablé de mi orientación sexual y me dijo que él, pese a tener novia y estar muy enamorado de ella, si lo dejaran no le importaría estar con un chico. Otro compañero, ahora rival, que también sigue jugando al fútbol y con quien me he cruzado en bastantes partidos, a veces me ha dicho que es hetero, otras que es bisexual... Imagino que le pasa lo mismo que a mí cuando hablaba de los porcentajes, seguramente el 80 por ciento de las veces le atraerá más un chico que una chica. Y esto es lo que yo sé, pero luego entras en alguna app de «ligoteo» y te encuentras con fotos de las espinilleras o de un vestuario que te suenan. Si conozco de buena tinta siete casos..., seguro que hay más.

S: ¿Te ha descubierto algún compañero o entrenador? ¿Cómo lo has gestionado?

X: Descubierto no, pero después de estar en un equipo me he enterado de que algún compañero lo sabía o me había visto y había hecho algún comentario. Pero esos compañeros nunca me dijeron nada.

S: Si te dedicaras a otra profesión, ¿llevarías tu sexualidad de forma abierta o la mantendrías en privado?

X: Buena pregunta. Seguramente habría dado los pasos más rápido, pero no sabría responderte. Sobre todo, por el entorno. Hay deportes en los que ves que son más abiertos en ese sentido. Sin embargo, el fútbol es como la oveja negra, somos veinte chimpancés metidos allí dentro.

S: ¿Qué crees que pasaría si un jugador de la talla de Messi o Cristiano Ronaldo dijera abiertamente que es gay?

X: Yo creo que cambiaría un poco la visión, pero recibirían mucho odio. Habría gente que los empezaría a odiar solo por eso, otros a los que les daría igual y los tratarían como personas normales, que es lo que somos, y dirían: «Ostras, si este tío que es mi ídolo y ha hecho todo aquello por lo que amo es gay, pues tampoco pasa nada». También habría gente que diría: «Vaya mierda de tío». Lo puedes ver en los comentarios que reciben los equipos el Día del Orgullo: la mayoría de las respuestas son de gente que insulta. Yo creo que no sería la salvación para los jugadores homosexuales, pero sí nos ayudaría un poquito.

S: Tus amigos más cercanos y los familiares que conocen tu situación, ¿qué te dicen al respecto? ¿Te recomiendan abrirte y no llevarlo en secreto o creen que es mejor así?

X: Depende de la persona y de su forma de proteger. Mis familiares me dijeron que me querían y que daba igual lo que pasara, que era mi vida y que tenía que gestionarla o hacerlo de la forma en que yo fuera más feliz, ya fuera diciéndolo o no. Otros compañeros y amigos me decían que me querían mucho, pero me advertían de que tuviera mucho cuidado.

S: ¿Alguna vez te has abierto con un compañero con el que sentías tener mucha confianza y este no lo ha aceptado o has perdido su amistad porque no ha querido aceptarlo?

X: Ese ha sido mi mayor miedo siempre. Por suerte, y no sé si también por haber sido tan previsor, no me ha pasado. Algunos se han quedado en shock, pero nada más que eso. Porque siempre han sido personas muy cercanas las que lo han sabido. Seguramente si se enterara algún jugador o compañero que no me conoce diría algo parecido a «yo no quiero saber nada de ese pedazo de marica».

S: ¿Por qué crees que está tan mal vista la homosexualidad en el mundo del fútbol masculino y en el del femenino está más normalizada? De hecho, incluso hay equipos en los que algunas jugadoras tienen una relación pública y nadie dice nada.

X: Porque somos hombres. El odio a los homosexuales viene por parte de los mismos hombres, no de las mujeres. Las mujeres son mucho más comprensivas con estas cosas. No creo que haya una respuesta absoluta y tampoco tengo toda la certeza, pero creo que es por eso, las amigas mías que lo saben siempre han sido muchísimo más comprensivas. También es posible que los hombres se vean mucho más afectados por pensar que, al ser yo homosexual, les voy a tirar la caña. Pero no sé qué responderte, la verdad.

S: En el año 1999 en un programa de televisión de fútbol argentino decían lo siguiente: «En un vestuario hay treinta tipos que se están bañando desnudos, si hay un homosexual dentro se lo va a empezar a toquetear». ¿Qué opinas sobre la gente que piensa así de los homosexuales, que creen que por el simple hecho de que te gusten los hombres quieres tener relaciones con todos?

X: Desde su punto de vista es un pensamiento natural, aunque sin conocimiento de causa. Te lo explico. Primero, tú estás en un vestuario y yo en mi caso sé diferenciar entre los que son compañeros, los que son amigos y los que son posibles ligues, y segundo, tú cuando ves un cuerpo por primera vez te puede gustar, cuando lo ves por cuarta o quinta vez se convierte en algo normal, es un cuerpo humano.

S: ¿En algún momento te has planteado dejar el fútbol por alguna situación o mala experiencia que has vivido?

X: No, yo tengo mi forma de ser dentro del campo y lo otro son pensamientos externos que a lo mejor te pueden dar un poco de respeto y pereza por el hecho de que este mundo sea así, pero mi amor por el fútbol es superior a eso. Seguramente hay gente que viva la vida homosexual de una forma más intensa y entonces le puede afectar más, pero mi caso no ha sido ese.

S: ¿Crees que España está preparada para recibir a un futbolista homosexual?

X: Yo creo que sí está preparada, otra cosa es saber quién responde. Hay más respeto que odio, pero el respeto no se hace ver y el odio siempre ataca y se ve mucho más.

S: Cuando tienes una cena de equipo o sales de fiesta con tus compañeros, ¿te lo pasas bien o te sientes reprimido?

X: Me lo paso bien porque al final son compañeros y buena gente, pero si hay alguna cosa homosexual en la fiesta que yo quiero hacer, por ejemplo, si veo un chico que me gusta o con el que había hablado por Instagram, pues me callo e intento que no me vea porque el solo hecho de que el tío me venga a hablar y que mis compañeros me vean con un homosexual es algo que no quiero que pase. Te reprime por dentro porque estás en un ambiente de fiesta y solo estás pensando en evitar que pasen cosas por las que te puedan descubrir.

S: ¿Alguna vez has tenido una pareja a la que le haya supuesto un problema el hecho de que quieras llevar tu sexualidad en secreto?

X: No me ha pasado porque soy una persona muy ocupada y nunca me ha surgido algo más serio. Pero sí creo que, si tuviera pareja y fuera más abierta a mostrar nuestra relación en redes, probablemente sería un problema, pero nunca me ha pasado.

S: ¿Qué consejo le darías a un jugador que está empezando a destacar en las categorías inferiores de algún equipo de primer nivel y se da cuenta de que le gustan los hombres, pero no sabe cómo gestionarlo?

X: Lo primero es que, si ha llegado hasta allí, siga persiguiendo sus sueños. Y después, que se ayude con su gente más cercana, porque si tienes ese miedo, incluso con tu gente más cercana, sufres el miedo a perderlos. Yo ya he pasado por esta etapa y, si son amigos de verdad, solo es un añadido a tu personalidad y cuando consigues contarlo por primera vez te apetece que lo sepan, te hace ilusión y sientes liberación. Al final, ser como tú eres en tu día a día y tener esa libertad hace mucho. El fútbol no solo es fútbol dentro del campo: que lo de fuera esté bien también ayuda.

S: Antes de acabar con esta entrevista, me gustaría que dejaras una reflexión para todos aquellos que todavía no aceptan que existan personas que viven su sexualidad de una forma diferente a la suya.

X: Yo creo que tiene que ser más de dentro para fuera que de fuera para dentro. Las personas homosexuales tenemos que hacer nuestra vida sin que nos importe porque en el momento en el que vean que nos da igual todo lo que nos digan el mundo se abrirá un poco más. Esta vida es para disfrutarla y yo viví un cambio de chip, pasé de un momento en el que sentía que no podía aguantar más quedándomelo todo para mí y escondiéndome hasta que decidí, medio empujado por mí mismo para no explotar, ser más abierto y disfrutar pase lo que pase. Aunque aún viva situaciones en las que me empequeñezco un poco, y por el contexto de la situación no pueda ser quien soy yo realmente al cien por cien, lo importante es estar en un ambiente favorable y disfrutar siendo libre y haciendo lo que realmente me apetezca.

S: Gracias por abrirte tanto en esta entrevista y mostrar la cara B del mundo del fútbol que muchas personas no quieren que salga a la luz. Espero que algún día puedas vivir tu sexualidad sin tener que ocultarla y sin ningún tipo de miedo a posibles represalias. Te deseo lo mejor.

X: Gracias a ti.

Creo que es la primera vez en mi corta carrera profesional que he sentido tantas emociones en solo cuarenta minutos de entrevista. Es muy interesante y triste conocer este punto de vista sobre cómo ha vivido su sexualidad un futbolista profesional, que hoy en día sigue manteniéndola en secreto. Espero que este capítulo nos ayude un poco a todos a reflexionar e intentar ver la homosexualidad en el mundo del deporte como algo normal y que deje de ser un tema tabú que hace que algunos profesionales tengan que sentirse reprimidos durante toda su carrera.

5

EL SALVAJE Y PELIGROSO MUNDO DE LOS REPRESENTANTES

En cierto momento de su carrera profesional, mi padre decidió montar su empresa de representación de futbolistas. Llevaba muchos años en la industria del fútbol, aunque especializado en el sector del marketing. Sin embargo, consideró que, gracias a sus contactos y a su formación en el deporte, tenía la capacidad de ayudar a los jugadores a tener mejores contratos con sus clubes y las marcas susceptibles de patrocinarlos.

Yo era muy pequeño cuando creó la empresa, debía de tener unos diez años, pero siempre me llevaba con él a ver los partidos de las categorías inferiores de clubes como el Barça, Madrid, Espanyol, Reus, Gimnàstic de Tarragona... Cuando eres tan niño y acompañas a tu padre y lo ves hacer su trabajo, aprendes mucho. No tomas partido en sus conversaciones porque eres un niño y te limitas a observar y escuchar. Eso fue lo que hice durante los diez años que mi padre tuvo esa empresa.

Lo cierto es que aprendí mucho y entendí cómo funcionaba el submundo de los futbolistas y sus representantes. Aquello era una pocilga llena de gente dispuesta a pisar a quien hiciera falta o jugar con la vida de niños con tal de sacar mucho dinero cuando estos llegaran al fútbol profesional. Lo que digo es muy fuerte, pero lo mantengo, porque quien esté metido en ese gremio conoce a la perfección sus trapos sucios y la triste realidad.

Nunca me olvidaré de lo que me dijo mi padre cuando decidió dejar el mundo de la representación: «Para ser un buen representante tienes que ser mala persona y yo no lo soy; esto no es para mí, lo dejo».

Y así era. En un campo de fútbol donde jugaban niños de ocho o nueve años, la grada estaba llena de agentes en busca del próximo Lamine Yamal o Vinícius Júnior. Esto influye en los niños, porque a esa edad, en la que deberían pensar en pasar un rato divertido y competitivo mientras hacen ejercicio con amigos y gente de su edad, debían estar pendientes de los ojos que observaban desde la grada si tenían suficiente calidad o no.

Lo peor de todo es que muchas veces se trata al niño y su familia como si fueran objetos. Si el representante cree que es bueno y tiene mucha calidad, le va a decir que es el mejor, que gracias a su ayuda podrá llegar a Primera División, le dedicará toda la atención del mundo a su familia y estará siempre pendiente de él. Sin embargo, cuando al chico que juega en el Barça le digan que no tiene nivel suficiente para estar allí y tenga que volver al equipo de su barrio con muy pocas posibilidades de alcanzar el fútbol profesional, el cariño y el amor que le había dado el representante desaparecerán. No le devolverá las llamadas, le contestará los mensajes cada tres días con textos tipo: «Perdona, crac, que he estado muy liado con el trabajo, a ver si tengo tiempo para vernos pronto». Consciente de que no le puede sacar beneficio, lo tira a la basura como si de un objeto se tratara.

Esto crea un problema a los padres, que tienen que explicarle a su hijo aún pequeño la dura realidad y tratar de gestionar la situación de la mejor manera posible para evitar que caiga en la depresión o en problemas personales.

Me gustaría saber lo que piensan esos niños cuando se hacen mayores, entran en Instagram y ven la foto que publica el que un día fue su agente y le vendió el oro y el moro, en la que sale con uno de sus jugadores que sí lograron llegar al fútbol profesional con el típico texto: «Orgulloso de haber formado parte de todo lo que has conseguido. Siempre me has tenido y me tendrás para lo que necesites». No es fácil.

Estoy seguro de que no todos los representantes son así, algunos se preocupan de verdad por el jugador y no lo ven como un número, lo ayudan a tomar decisiones importantes y les importa que elijan el camino correcto y no solo su comisión, pero tal vez hay entre un 80 y un 90 por ciento que sí. Y esto pasa porque cualquier persona a la que le gusta el fútbol lee un día un artículo del periódico en el que aparece un titular: «Jorge Mendes cobrará dos millones de euros por la renovación de Lamine Yamal» y se cree que es algo muy sencillo. Sin darse cuenta de que muchas veces jugará con los sentimientos y la ilusión de muchos niños.

Es una profesión que me recuerda mucho a aquellas personas que dedican toda su vida a buscar tesoros en las playas o a buscar oro en algunas regiones de Estados Unidos. Pierden muchos años de su vida solo para encontrar ese granito de oro que les hace pensar que serán millonarios algún día. Además, desgasta mucho y es muy desagradecida, porque, de la misma manera que el agente no muestra ninguna sensibilidad a la hora de descartar un jugador después de acompañar durante muchos años a la familia y al niño en los partidos, o compartiendo comidas, el jugador también hace lo mismo si logra triunfar. Una vez que demuestran que tienen calidad y potencial para ser futbolistas de élite, aparecen los peces gordos del mundo de la representación, los Jorge Mendes, Raiolas... y, si el jugador hace lo mismo que tal vez habría hecho el representante de no haber triunfado, probablemente lo deje tirado para irse con otros agentes, y habrá tirado a la basura todos los años en los que ha cultivado esa relación interesada sin cobrar un euro (porque es muy complicado cobrar comisiones por contratos de renovación antes de llegar a juveniles). Como si hubieran encontrado la cueva donde se escondía todo el oro después de buscarla durante siglos y de repente apareciera Amancio Ortega y les dijera: «Cómo mola esta cueva, me la quedo».

Una vez leí en un artículo del *Marca* que Kevin De Bruyne no tenía representante, debía renovar su contrato con el Manchester City y contrató a una empresa de big data para que calculara su valor y estimara cuál era el salario que merecía según su rendimiento. Me pareció brillante, creo que el sector debe evolucionar en esta dirección.

Toda la parafernalia del que llamo «representante aguililla» es una estupidez innecesaria. Los niños que juegan en canteras no necesitan una persona que les diga todo el rato lo buenos que son o lo tonto que es el entrenador porque no los pone. En vez de calentarle la cabeza, y siempre desde mi punto de vista, los padres deberían contratar algún tipo de servicio para negociar la continuidad de sus hijos.

Se trataría de algo mucho más profesionalizado, empresas que, en lugar de ir a cazar talentos como si de presas se tratara, se limitaran a decir: «Por lo que me has contado y los informes que tengo, tu hijo no tendría que aceptar una oferta inferior a esto». Y ya está. Así de sencillo.

Los padres tienen una responsabilidad muy grande con este tipo de niños, para que tengan los pies en la tierra. Los hijos no pueden vivir determinadas situaciones para las que no están preparados por culpa de terceras personas que piensan solo en su interés económico: son demasiado jóvenes para eso.

No pongo en duda la preparación de esos agentes para negociar contratos importantes, muchos han estudiado y se han preparado para ello. Pero creo que solo tendrían que intervenir cuando los padres lo pidan después de tomar la decisión en familia, o el futbolista actúe en función de sus propios intereses sin dejarse influir por terceras personas.

No debería permitirse que un partido entre niños se convierta en un *ring* donde todos los representantes se pegan para ver quién llega primero a hablar con la familia y convencerla de que llevarán a su hijo a la gloria. Su hijo debe centrarse en disfrutar y pasarlo bien con sus amigos. Si luego resulta que tiene una calidad sobrehumana para dedicarse al fútbol de forma profesional, pues genial, pero no hay que forzar esa situación tan pronto.

Todos hemos visto o leído artículos de agentes que han estafado a jugadores o se han aprovechado de ellos para llevarse una buena comisión.

En mi caso, he visto a muchos amigos míos tomar una decisión clave para su carrera deportiva porque su representante los ha convencido de que ese era el lugar en el que estarían mejor, y luego ha resultado que alguien del club le había pasado algún sobrecito por detrás solo para forzar al jugador a tomar esa decisión. Y no les ha importado arruinar el futuro de ese chaval para sacar ellos buena tajada. No es justo.

Tengo entendido que poco a poco se ha limitado el acceso de representantes a algunas categorías en las que los niños todavía son demasiado pequeños. Me parece bien. Pero creo que la evolución correcta de esta profesión sería la de prohibir que las personas ejerzan como representantes y que solo existan empresas que ayuden a las familias a negociar renovaciones de contratos o fichajes para otros clubes. De esta forma apartaría a los niños de este mundo de adultos hasta que sean mayores de edad. Los padres serían los que intentarían ayudarlos a disfrutarlo sin presiones de terceras personas ni ventas de humo innecesarias que pueden hacer mucho daño a los chavales.

Puede ocurrir también que el padre o la madre sean los que ejerzan de representantes, lo cual no me parece la mejor solución ya que puede intoxicar la relación padre/madre e hijo. Es como cuando te dicen que nunca hay que montar un negocio con amigos o familiares porque siempre puede haber problemas.

Es cierto que nadie se va a preocupar más que un padre o una madre, pero si no están formados para negociar según qué acuerdos, esto puede traer problemas, como hemos visto muchas veces en los medios de comunicación. Además, puede viciar la relación y crear problemas cuando el jugador sea adulto y ponga en duda si su carrera podría haber ido mejor o peor debido a las decisiones que tomaron sus padres como representantes.

Me alegra haber visto todo esto siendo tan pequeño. Pero, sobre todo, me hizo muy feliz ver a mi padre darse cuenta de la realidad de este mundillo y decidir no formar parte de él.

Sé que no estoy descubriendo nada y que es así en muchos otros lugares, como el modelaje, el cine, el automovilismo... Pero utilizo este espacio para compartir mi punto de vista sobre este tema y espero que por lo menos, estés de acuerdo o no, te haya parecido interesante.

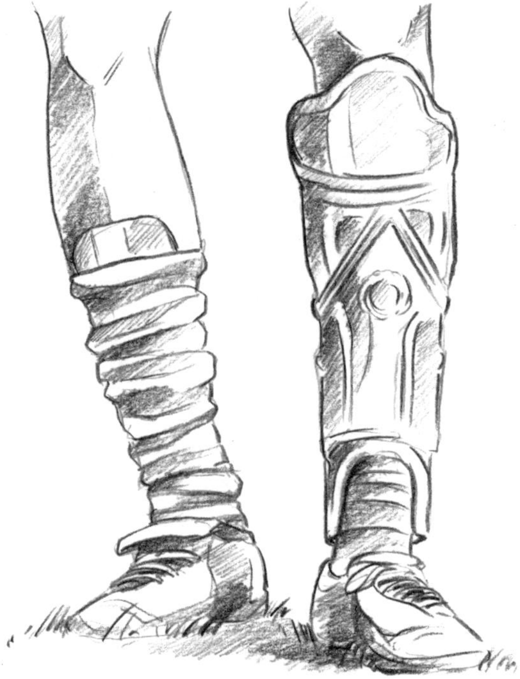

6

LOS FUTBOLISTAS, LOS NUEVOS GLADIADORES

Me gusta mucho mirar hacia atrás y comparar las cosas que suceden hoy en día con las que sucedían antes. Disfruto en especial pensando en el Imperio romano (guiño para quienes estéis al tanto de la jerga de TikTok y X; si no lo has entendido, tendrás que preguntar). Una de mis frases favoritas es: «La historia siempre se repite». El fútbol es un ejemplo perfecto, ya que, si lo analizas en profundidad, los futbolistas son los que antes se llamaban *gladiadores*.

Son personas que dedican su vida durante diez o quince años a poner su cuerpo al límite, a cuidar cada parte de este para que se vea perfecta y pueda rendir al máximo nivel durante toda una temporada. Además, tienen un equipo que apuesta por ellos, encabezado por un entrenador o *magister*. También hay un propietario del *ludus* o escuela de gladiatura, el *lanista*, que les paga un salario elevado y se preocupa por su alimentación y estado físico. Y todo este tinglado, para que la gente de a pie pueda disfrutar del mayor espectáculo posible en un estadio durante noventa minutos o más.

Son veintidós tíos luchando cual soldados para

ganar cada balón, duelo o acción que requiera el partido. Su cuerpo está a merced del espectáculo, y no les importa que puedan partirse una pierna o destrozarse una rodilla, incluso abrirse la cabeza y que les pongan unas grapas instantáneas y muy dolorosas con tal de ofrecerle a la gente el *show* por el que ha pagado. Incluso algunos han llegado a perder la vida en un terreno de juego, como los gladiadores.

Por supuesto, el trasfondo del deporte no deja de ser el mismo que el del espectáculo que se ofrecía en el Coliseo romano: tener entretenida a la sociedad. Los pobres lo serían para siempre, sin ninguna posibilidad de ascender en la pirámide social de la Antigua Roma. Tarde o temprano serían conscientes de que su situación no iba a cambiar, y eso podía provocar una revolución. Por eso el César se encargaba de crear entretenimientos para taparles los ojos como si de una venda se tratara y que no reparasen nunca en su triste situación.

Además, durante esos pasatiempos, los plebeyos podían sentirse nobles por un momento, ya que compartían la misma afición. Todos veían los combates de los gladiadores en el Coliseo. Durante la lucha, todo el anfiteatro gritaba, insultaba, perdía los papeles, y por un momento se olvidaba por completo de quién era, convertido en uno más entre la multitud. Bebían, apostaban, unos espectadores se peleaban con otros...

Leyendo todo esto, ¿el espectáculo de los gladiadores te parece tan diferente de un partido de fútbol? A mí no.

Ni que decir tiene que hemos evolucionado como sociedad. Una vez terminado el partido, el palco de honor no levanta el dedo hacia arriba o hacia abajo, ni el público decide si el rendimiento de los futbolistas basta para dejarlos vivir o si deben ejecutarlos, pero estoy seguro de que cualquier propuesta en este sentido le parecería bien a más de uno. Es muy sorprendente encontrar tantos parecidos, y más teniendo en cuenta que han pasado cerca de dos mil años desde aquella época.

Otro ejemplo muy evidente es la rendición del gladiador, el momento en que alzaba el brazo izquierdo con el dedo índice extendido y soltaba el escudo o se colocaba la espada detrás de la espalda. En ese instante quedaba a merced del público, que según el grado de intensidad que este considerase que había ejercido en la batalla debía decidir si el luchador seguía vivo o lo ejecutaban. Salvando las distancias, es lo que sucede en el estadio cuando un jugador se lesiona. Ahora lo desarrollo, para que entiendas mi punto de vista.

A veces un jugador sufre un duro golpe tras una acción violenta del partido y el público considera que ha sido lo suficientemente grave como para haberse hecho daño. Cuando lo retiran del terreno de juego, el aficionado se quita la bufanda de su equipo, deja de lado los colores y aplaude al futbolista porque puede ver en su rostro la rabia y tristeza por tener que abandonar la batalla, ya que su estado físico se lo impone.

Sin embargo, cuando un jugador cae al suelo tras un golpe que el público no considera lo suficientemente grave e interpreta que está actuando y no ha sufrido ningún daño, la afición del equipo rival lo abuchea y pita mientras se retira para que lo atiendan. Los aficionados no sienten pena ni compasión porque interpretan que se aprovecha para perder algo de tiempo con el balón parado.

Otra similitud es la gran influencia del público, que ejerce una enorme presión, antes sobre el César y ahora sobre el presidente del club. Los asistentes tenían en sus manos el poder de decidir sobre la vida del guerrero mediante aplausos, gritos o abucheos para presionar al César a la hora de girar el pulgar hacia arriba o hacia abajo. ¿Qué tiene que ver esto con el fútbol actual?

Claro está que los espectadores que asisten a un estadio para ver un partido no deciden si se va a matar a los jugadores, pero sí pueden ejercer mucha presión sobre el presidente del club y su actitud respecto a algunos futbolistas. En el mundo actual hay clubes que tienen presidentes y otros que tienen propietarios. En los primeros, el poder del fan es mucho mayor que en los segundos.

Con los presidentes de los clubes que son propiedad de los socios, pasa lo mismo que con los de los países. Cada equis años, dependiendo del club, en el Barça por ejemplo son seis, se someten a unas elecciones en las que los socios al corriente de cuota mensual tienen derecho a votar y elegir a la persona que dirigirá el proyecto durante los próximos años. Entonces sucede algo muy común en España: el mayor miedo de muchos de estos líderes es perder esa posición de poder. Por eso la presión del público es muy fuerte y puede influir en la toma de decisiones. Si durante varios partidos en el estadio toda la afición abuchea a un mismo jugador o lo critica por el motivo que sea, da igual que ese futbolista le guste al entrenador. Desde el momento en que pueda afectar a la imagen del presidente, o César del club, este no dudará en quitárselo del medio con tal de tener a los espectadores de su lado y la reelección a su alcance.

En los clubes que son propiedad de una persona, la figura del propietario es más parecida a la del César. Cuando le parezca conveniente escuchará a los seguidores del club y tomará las medidas que considere oportunas, pero no deja de ser el César, sabe que pase lo que pase seguirá al mando porque él es quien lo mantiene con su dinero y no tiene oposición. Así que cuando tenga que tomar decisiones sobre si mantener a un jugador o no, le bastará con girar el pulgar hacia arriba o hacia abajo y, por muy controvertida que sea su elección, el día de mañana seguirá siendo el César.

Veamos el caso del Valencia C. F. Un magnate de Singapur lo compró en 2014 para evitar el riesgo de una posible desaparición. Lo ciudad lo recibió como un héroe. Todo el mundo lo adoraba porque, al fin y al cabo, estaba salvando al equipo y devolviéndoles la ilusión a los aficionados que ya fantaseaban con la llegada de grandes estrellas, que era lo que cabía esperar dada la gran fortuna de su nuevo propietario. Sin embargo, no fue así. Lo que apuntaba a proyecto ilusionante capaz de devolverle la gloria a un club histórico de Europa se destapó como una compra más de la que el dueño se desentendió poco a poco. Los fichajes eran cada vez más decepcionantes, propios de un club cuya prioridad es no perder la categoría, en vez de pelear por el cuarto puesto de la clasificación. Incluso llegaron a ganar una Copa del Rey, pero al final de esa temporada su dueño decidió echar al entrenador porque según dijo el técnico, y cito palabras textuales, «la directiva nos pidió que no ganáramos la Copa». Surrealista.

El pueblo habló, se rebelaron con pancartas y campañas de protesta consistentes en no asistir al estadio. Algunos aficionados llegaron a viajar hasta la casa del propietario en Singapur para dejar un cartel con el mensaje: «Go home» (vete a tu casa), lema que utilizaban como reclamo. Pero el César es el César, y al ser propietario del club, por muchas críticas y revoluciones que ha recibido, lleva ya más de diez años como dueño y parece muy complicado que se marche si no recibe una oferta que le parezca lo suficientemente suculenta. Pero quién sabe, tal vez cuando leas este libro haya abandonado el barco y la situación del club sea mejor... ¡Ya veremos!

No podía cerrar este capítulo sin comentar otro de los grandes símiles con el Imperio romano: la ceremonia de inicio antes de cada partido de fútbol, especialmente en la Champions League. Es un momento épico en el que todos los jugadores se apoyan entre ellos mientras suena el himno oficial de la competición, un himno celestial, tan solo escucharlo sueñas con la gloria, el éxito, la misma canción te lo dice con un inspirador mensaje: «Estos son los mejores, los campeones». Al aficionado que ha ido al estadio se le eriza la piel y siente un cosquilleo mientras derrama alguna lágrima de emoción porque sabe que vivirá una noche grande viendo a su equipo en la mayor competición europea del mundo del fútbol. El futbolista ya está preparado para librar su batalla en el terreno de juego.

Este momento me recuerda mucho al saludo de los gladiadores que se ponían ante el César con un grito desgarrador: «*Ave, Caesar, moritori te salutant*», los que van a morir te saludan. Está muy lejos del fútbol actual, ya que la mayoría de las veces eran esclavos obligados a luchar en el Coliseo, mientras que los futbolistas ejercen su profesión a cambio de un elevado salario. Sin embargo, me parece muy poético cómo pasa el tiempo pero mantenemos este tipo de rituales y de ceremonias marcadas por la épica y la entrega de las personas elegidas para ofrecer un espectáculo digno al pueblo.

En resumen, pasarán años, décadas o siglos, se desarrollará la inteligencia artificial, veremos coches que van solos, máquinas que escriban libros con el ChatGPT sin necesitar a personas que lo hagan (bueno, hagamos como que no has leído esto) y, por mucho que cambie la forma de hacer las cosas, el ser humano aún será el mismo, para bien o para mal. Quizá alguien compre este libro en el año 2120 mientras ve el Mundial de fútbol virtual en el que los robots se enfrentan a personas y decide copiarme este capítulo. Esperemos que no. En todo caso, si eso sucede, allí estaré, con ciento veintidós añitos, dispuesto a escribir un artículo comparando ese deporte con el que disfrutamos en nuestro momento, y poder decir: «Una vez más, la historia se repite».

7

EL FÚTBOL COMO PUNTO DE UNIÓN

Jamás pensé que la segunda relación sentimental que he tenido en mi vida iba a ser útil para poder escribir el capítulo de un libro. Pero cuando decidí que quería hablar sobre el fútbol como punto de unión, me vino a la cabeza una anécdota que viví con ella que me venía como anillo al dedo para poderme explicar mejor.

Igual que en el capítulo del fútbol como arma de blanqueo mostré una cara oculta de este deporte, lo que vendría a ser «el lado oscuro», creo que también es justo hablar de lo bonito que tiene.

Con veintitrés años tuve una de mis primeras relaciones sentimentales con una chica. Después de unos meses, me invitó a una barbacoa que organizaron sus padres en la casa de la familia, y el hermano de mi novia asistió con su pareja, que era turca, y su pareja asistió también con su hermana y su pareja, también turcos.

¿Os gustan los trabalenguas? Pues allá va uno, a ver si consigo explicarme bien. El cuñado del hermano de mi novia era doctor en Estambul, ¿hasta ahí bien? Espero que sí. El pobre estaba en la comida y no entendía nada porque solo hablaba turco e inglés y entre nosotros hablábamos en catalán intercalándolo con alguna palabra en inglés para que no se sintiera tan desplazado. Yo me senté a su lado y pensé: «¿Y ahora de qué hablo yo con este tío? No sé nada sobre medicina, apenas conozco Turquía... A ver qué se me ocurre». Entonces mi cabeza se iluminó y me dije: «Ya lo tengo: ¡FÚTBOL!».

Le pregunté si le gustaba el fútbol y me respondió que sí. La cosa empezaba a funcionar, pero la pregunta que marcó un antes y un después en mi vínculo con él fue: «¿De qué equipo eres?». Se hizo un silencio entre los dos, me miró nervioso antes de pronunciar el nombre del equipo y respondió: «Del Fenerbahçe».

En ese momento, a la enciclopedia de fútbol que tengo en mi mente solo se le ocurrió decirle algo que me parecía una tontería muy grande, pero que no lo fue: «Ostras, conozco el equipo: ¡ahí jugó Kezman!». Qué curiosa es la mente del ser humano: en una conversación en la que solo me había dicho que era del Fenerbahçe, mi cabeza recordó el álbum de cromos de Panini del año 2005 donde aparecía Kezman como nuevo fichaje del Atlético de Madrid y yo recordaba que más tarde fichó por el Fenerbahçe.

En aquel instante, se le iluminaron los ojos, pasé de ser un desconocido a alguien cercano para él, sonrió de oreja a oreja y me preguntó: «¿Conoces al Fenerbahçe?». Se podía ver en su cara la ilusión que le hacía. Le respondí que por supuesto, al Fenerbahçe y al Galatasaray. Sentí por su mirada que se había quitado un peso de encima, ya no tenía que pasarse toda la comida desplazado, tenía a alguien con quien hablar de fútbol durante horas, y así fue, recordamos la época de Guardiola y el mal momento por el que pasaba mi equipo, luego reímos cuando le conté que yo tenía una camiseta de Ümit Karan del Galatasaray, el club enemigo del Fenerbahçe, bromeamos, y me habló de la pasión por el fútbol que se vive en su país. Un doctor turco y un *youtuber* español que nos llevábamos quince años pero nos hicimos amigos solo por el amor que sentíamos por el fútbol.

Fue precioso, es una anécdota que recordaré para siempre, porque esto es lo bonito del deporte, que une personas. Muchas veces tendemos a quedarnos solo con sus cosas malas, ya que también provoca problemas y malentendidos o peleas entre personas. No obstante, tiene un lado maravilloso, que es el hecho de poder conectar con personas de todo el mundo y de cualquier posición social. En un estadio de fútbol se juntan médicos, camareros, abogados y basureros..., y durante noventa minutos se ven como iguales, no piensan en las diferencias que intenta marcar la sociedad.

Me recuerda mucho a los momentos que se viven en el campo o en una casa cuando tu equipo marca un gol trascendental que le da la victoria. Pierdes los papeles por completo, te abrazas con la persona que tienes a tu lado sin conocerla de nada, ese amigo de tu pareja que había venido a casa a ver el partido y no te caía demasiado bien se convierte en una persona cercana solo por el hecho de haber celebrado un gol juntos. Es increíble.

Creo que nunca he dado más abrazos que el día en que el Barça le ganó al PSG con una remontada épica, ni en los más multitudinarios eventos familiares superaré ese récord, y lo más gracioso de todo es que no conocía a ninguna de las personas con las que celebré ese día. Increíble.

Si hay una historia que define a la perfección lo que intento contar, es la famosa Tregua de Navidad durante la Primera Guerra Mundial.

En el año 1914, en los primeros meses de la guerra, soldados de los ejércitos alemán, francés e inglés batallaban en el frente occidental. Se acercaba la Navidad y sucedió algo completamente inesperado. En medio del fragor de la batalla con solo 270 metros de distancia entre trincheras, ambos bandos pararon de disparar y empezaron a cantar villancicos cada uno en su lengua natal. Entonces empezaron a intercambiar de lado a lado insultos y bromas cuando de repente, según relata el testimonio del soldado británico Marmaduke Walkinton en el Museo Imperial de la Guerra de Reino Unido, un alemán gritó: «Mañana no disparen, nosotros no dispararemos».

Y así lo hicieron. Al día siguiente, todos los soldados de ambos bandos salieron de sus trincheras y se estrecharon la mano para firmar una tregua durante la Nochebuena y el día de Navidad. Bebieron juntos, compartieron historias, regalos de sus familiares, se ayudaron entre ellos a enterrar los cadáveres de compañeros caídos en la batalla... y, según relata el británico Ernie William, lo más sorprendente de todo ocurrió al aparecer un balón del lado alemán. Decidieron cambiar las armas por el fútbol, y lo que durante meses había sido un enfrentamiento en medio de las inundaciones, con unas condiciones intempestivas y fuego cruzado entre trincheras, se convirtió en un partido de fútbol amistoso. Algunas cartas encontradas a militares del frente alemán relatan que el partido terminó en victoria 3-2 para ellos. Sin embargo, los británicos dicen que fue un partido no organizado que terminó sin resultado. Vamos, lo mismo que pasa después de un enfrentamiento en el patio del colegio: los del A te dirán que ganaron de sobra, y los del B, lo contrario.

Durante al menos dos días, pudieron conocer al enemigo y darse cuenta de que este era igual que ellos, jóvenes, amantes del fútbol, fumadores de los mismos cigarrillos... Formaban parte de una guerra en la que no creían. Pese a que muchos soldados habían disfrutado de ese pequeño instante de paz, los generales recibieron indicaciones de acabar con la tregua y continuar con la guerra, así que volvieron a sus trincheras, recompuestas gracias a ese descanso, y todo siguió su cauce.

El fútbol lo había vuelto a hacer: gracias a un partido amistoso entre soldados alemanes e ingleses, las diferencias entre ambos habían quedado completamente apartadas, solo pensaban en tener la oportunidad de recibir un buen balón al espacio, correr y marcar gol. Pese a estar en mitad de una guerra hubo lugar para las discusiones típicas de las pachangas de los jueves. Me gustaría saber quién tuvo el valor de arbitrar ese partido. De todos modos, según relatan las cartas de ambos bandos, el enfrentamiento fue completamente amistoso.

La dimensión de los hechos fue tal que todos los medios de aquel entonces compartieron la historia en los periódicos, aunque hubo discrepancias sobre la conveniencia de compartir esa noticia, ya que podría hacer reflexionar a la población sobre la necesidad de la guerra o no, cosa que no interesaba a los mandatarios de las potencias enfrentadas. Este acontecimiento histórico se halla representado en Liverpool con una escultura de Andrew Edwards, en la que dos soldados, uno de cada bando, se dan la mano en el campo de batalla con un balón de por medio.

Otra historia relativa a este maravilloso mundo que refleja la capacidad del fútbol para romper barreras es la de Fritz Walter. Este futbolista alemán, nacido en Kaiserslautern en el año 1920, era un mediocentro ofensivo con una increíble habilidad y capacidad goleadora que demostró en su debut con el combinado nacional al marcar un *hat trick* en la victoria por 9 a 3 frente a Rumanía.

En aquel momento era jugador del 1. FC Kaiserslautern y cada partido que jugaba con su selección era un espectáculo para los aficionados alemanes, que pagaban su entrada solo para verlo.

Cuando llegó la Segunda Guerra Mundial, evitó ir al frente para poder seguir jugando al fútbol, hasta que llegó un punto en el que, por falta de soldados, su país tuvo que llevarlo a la guerra. Formaba parte de divisiones en las que no debía de tener muchos problemas y podía seguir jugando los partidillos entre las divisiones del ejército. Todos alucinaban al verlo controlar el balón o marcar golazos por la escuadra, muchos de los soldados habían pasado de verlo jugar en el estadio a echar una pachanga junto a él durante la guerra.

En ese período, el seleccionador nacional pudo organizar algunos enfrentamientos contra selecciones aliadas del país, entre ellas España, un partido que se disputó en Berlín en el año 1942 y se saldó con un empate a 1.

Por desgracia para Fritz Walter, la tranquilidad y los privilegios de que gozaba durante la guerra terminaron con la caída de Berlín en 1945. El Ejército Rojo de los soviéticos se llevó presa a toda la división de soldados alemanes en la que estaba el futbolista de Kaiserslautern. Le esperaba un destino terrible, un gulag en Siberia en el que probablemente lo ejecutarían.

El convoy en el que iba Fritz Walter hizo una parada en Ucrania para que los soldados soviéticos se reabastecieran y descansaran, y así poder continuar con su larga travesía. En ese momento, los miembros del ejército ruso montaron unas porterías y pintaron las líneas para jugar un partido. Fritz, que observaba con sus botas militares puestas, se acercó para preguntarles si podía jugar con ellos. Se rieron y aceptaron su petición. En medio del hielo y en el que probablemente iba a ser el peor terreno de juego que iba a pisar, empezó el que, para Fritz, según sus propias palabras, fue «el partido de su vida».

En el descanso del enfrentamiento, uno de los

soldados rusos se acercó a Fritz y le dijo: «Yo te conozco. Hungría 3-Alemania 5, Budapest, 1942. Marcaste dos goles». Se quedó muy sorprendido de que lo hubiera reconocido, pero no era consciente de lo que esto iba a significar para el futuro tan incierto que le esperaba.

Al día siguiente, el nombre de Fritz Walter desapareció de todas las listas de prisioneros que iban rumbo a Siberia y el futbolista alemán pudo regresar a su casa, huyendo así del gulag al que estaba destinado. Un soldado ruso fue capaz de olvidar todo su odio hacia los alemanes por los daños que habían causado durante la Segunda Guerra Mundial solo por aquel imborrable recuerdo de ver jugar al crac alemán en un partido frente a Hungría. El fútbol lo había vuelto a hacer.

Años más tarde, Fritz Walter levantó la Copa del Mundo como capitán de la selección alemana mientras lloraba de emoción. No era para menos: quién le iba a decir nueve años antes, mientras empezaba su viacrucis camino a Siberia, que su talento con una pelota iba a salvarlo de un final terrible.

El partidillo que se jugó durante la Tregua de Navidad y la historia de Fritz Walter son solo dos de los muchos ejemplos que puedes encontrar en este deporte. ¿Quién no ha visto alguna vez el típico vídeo de YouTube o TikTok «Top respect moments in football»? Son pequeños detalles: jugadores que evitan pisar el escudo del club rival debido a su simbolismo, delanteros a punto de marcar un gol importantísimo que deciden parar la jugada al reparar en que el rival que lo defendía ha sufrido una lesión de gravedad… o aquellos aficionados que al terminar un partido les piden a los fans del equipo rival intercambiar la bufanda o la camiseta de sus equipos… Son muchas las situaciones maravillosas que genera nuestra querida redonda.

Y es que el fútbol también genera estas situaciones. Aunque tiene las cosas malas que he mencionado en otros capítulos, nos deja momentos fascinantes. ¿Cuántas parejas habrán tenido un hijo gracias al gol de Iniesta en el 116' que le dio el primer Mundial de la historia a nuestra selección? ¡El fútbol da vida!

El otro día publicamos en nuestro perfil de Instagram (@postunited) la historia de una competición brasileña en la que jugaban muchas jóvenes promesas. Lo interesante era que en este torneo había dieciocho jugadores que se llamaban Riquelme, en honor a la leyenda de Boca Juniors que nos dejó tantos destellos de calidad a lo largo de su carrera.

Estoy seguro de que algunos de vosotros se llaman Leo, Lionel, Cristiano, Aitana, Alexia… Si la suerte me acompaña y el libro que ahora leéis se reedita, con el tiempo igual pillo a algún Lamine o Kylian enganchado a este capítulo, quién sabe.

El fútbol abre fronteras: en el sitio más recóndito que te puedas imaginar del mundo hay un balón rodando ahora mismo. Es capaz de hacer feliz a personas que viven en condiciones infrahumanas debido a la situación de su país. Todos hemos visto a niños en África completamente desnutridos, pero con una sonrisa de oreja a oreja mientras juegan un partido de fútbol en campos de tierra con porterías marcadas por unas chancletas.

No es solo un grupo de once hombres que le dan golpes a una pelota, como nos han intentado convencer algunas personas que lo ven desde fuera y no saben lo que se vive. Genera miles de empleos (el mío, entre otros), amistades, crea parejas... Es maravilloso.

Como dijo David Beckham: «El fútbol no es un juego, es algo mágico».

8

EL PAPEL DE LA MUJER EN LA INDUSTRIA DEL FÚTBOL

Cuando grabo un vídeo de opinión sobre temas candentes del fútbol, siempre entro al plató con miedo, sabiendo que cuando se publique recibiré comentarios de todo tipo, pero sobre todo de este estilo: «¿Cómo pone a Haaland antes que a Mbappé? Steve no tiene ni idea de fútbol». Bueno, he sido demasiado correcto. En realidad suelen ser menos educados y con más faltas ortográficas: «JAJAJAJA STEVE NO TIENE NI PUTA IDEA DE FUTBOL, COMO SE NOTA K ES DEL BARSAAA EL IJO DE PUTA».

Entonces, cuando ya sé que voy a grabar un vídeo de YouTube que recibirá este tipo de comentarios, lo presento de la siguiente manera: «Por favor, vamos a dar nuestra opinión, que probablemente a algunos os parezca una barbaridad. Os pido que la escuchéis y que, si no estáis de acuerdo con ella, comentéis siempre desde el respeto».

No se me ocurre, pues, mejor manera de presentar este capítulo, porque voy a tocar un tema delicado para muchos y a dar mi punto de vista sobre algo que genera mucho debate y controversia: el papel de la mujer en la industria del fútbol.

Históricamente, este deporte ha sido de hombres y para hombres, nunca ha tenido espacio para las mujeres y siempre se las intentaba apartar cuando querían intervenir. Basta con buscar en la hemeroteca para encontrar tertulias deportivas en las que algún hombre respondía a una mujer alguna variante de «no sabes lo que es una pelota, vete a lavar los platos». Si nos remontamos a la dictadura, el famoso «NO-DO» nos ofrece frases impensables hoy en día: «La única nota optimista es que cuando se casen, si se casan, cambiarán este juego por una batería de cocina».

Con el paso del tiempo, hemos evolucionado bastante como sociedad en muchos aspectos y cada vez se acepta mejor la presencia de la mujer en esta industria. Algunas mujeres han sido presidentas de clubes (como Amaia Gorostiza en el Eibar). Esta evolución se puede analizar desde numerosos puntos de vista. Hay quien piensa que el deporte es para hombres y la mujer no debería intervenir ni meterse en algo que «no es para ellas», pero también hay quien lo considera algo positivo y abraza este cambio. En la última década podemos ver deportistas profesionales de fútbol femenino con más de tres millones de seguidores en Instagram y que ganan el Balón de Oro (Alexia Putellas).

A título personal, me encanta que el fútbol femenino haya aparecido y ganado notoriedad. Las nuevas competiciones y categorías son muy buenas para que el deporte siga vivo. También me gusta saber que si una mujer de hoy en día quiere ser futbolista o simplemente jugar al fútbol en el recreo en el colegio, puede hacerlo sin que la miren raro ni la juzguen. Si una chica decide apuntarse a un equipo tal vez le hagan comentarios o le digan tonterías, pero ahora se puede ver reflejada en el espejo de las grandes jugadoras a las que ve ganar títulos y aparecer en cadenas de televisión y en las mayores galas del deporte...

Aun así, pienso que hay algunas cosas que no están bien o que deberían hacerse de otra forma. Menciono un error que cometimos en la página de @postunited en Instagram y que corregimos de inmediato con una idea de uno de los miembros del equipo.

Siempre he tenido claro que la imposición es la peor manera de introducir algo o inculcárselo a la gente. Desde que comenzó el auge del fútbol femenino, he tenido la sensación de que el objetivo de los grandes estamentos de este deporte era darle paso obligando a los consumidores del fútbol masculino a que les gustara el femenino. En mi opinión, este ha sido un grave error conceptual. Me parece un error que a un señor de cincuenta años que solo ha visto fútbol masculino lo traten de convencer de que el fútbol femenino es lo mismo y tiene el mismo nivel de juego y entretenimiento.

El fútbol femenino está creciendo, y cada vez vemos a más jugadoras con una calidad inmensa, pero el ritmo de juego todavía está muy lejos del masculino.

A lo mejor me busco un problema al decir esto, o alguien se tira de los pelos y me acusa de machista y de oprimir el deporte femenino, pero no: es una realidad. Como tal, no es mala ni hay por qué avergonzarse de ella. Pondré un ejemplo ilustrativo.

Cuando se discute qué jugador fue el mejor, si Pelé, Messi o Ronaldo, mucha gente dice que no son comparables porque en tiempos de la leyenda brasileña los defensas tenían mucho menos nivel que ahora, incluso algunos se han atrevido a decir que si Pelé jugara al fútbol hoy en día, le habría costado mucho más conseguir todo lo que logró en su época.

Y esto... ¡es lo más normal del mundo! Cuando Pelé jugaba al fútbol, este deporte todavía no estaba tan perfeccionado como lo está ahora, los jugadores no se habían pasado la infancia en escuelas perfectamente preparadas para crear a futbolistas de máximo nivel donde se medían las comidas o el ritmo de los entrenamientos, no tenían a entrenadores cuyo único objetivo era inculcar a esos niños un estilo de juego determinado pensando en el futuro. Con el tiempo, el fútbol masculino se ha convertido en lo que es hoy en día, pero han hecho falta muchos años y mucho trabajo desde abajo para llegar a este punto.

¿Qué quiero decir con esto? Que, probablemente de aquí a unos años, veremos partidos de fútbol femenino con un ritmo altísimo y con una toma de decisiones dentro del terreno de juego igual de rápida que la del masculino, porque se está trabajando mucho para que las chicas puedan tener escuelas y canteras en las que perfeccionar la técnica desde pequeñas y que no se repita la historia de siempre, que si eras niña tenías que jugar con los chicos y no tenías un recorrido definido. El trabajo para impulsar el fútbol femenino desde abajo se está haciendo muy bien, y poco a poco veremos una evolución muy notable. Pero esto es una cosa, y tratar de imponer a los seguidores del fútbol masculino que el femenino es lo mismo es otra, y no es buena.

A veces hemos compartido en Post United los goles de partidos de fútbol femenino o algunos resultados muy abultados del Barça, y la publicación se nos ha llenado de comentarios despectivos e insultantes como este: «Nos da igual: el fútbol femenino ni es fútbol ni es femenino».

No sabíamos qué hacer, porque queríamos seguir cubriendo y dando visibilidad al fútbol femenino, pero también sentíamos que este tipo de comentarios y reacciones de la gente le hacían un flaco favor al deporte, porque por mucho impacto que tenga en un perfil de más de dos millones de seguidores, el usuario rechaza este contenido.

Solo entonces comprendimos el error que cometíamos: nuestros seguidores siempre habían consumido contenido de fútbol masculino y ahora les imponíamos el fútbol femenino, pero al mismo tiempo la comunidad aficionada del fútbol femenino no tenía un espacio donde ver contenido que no estuviera manchado de comentarios despectivos y tonterías. No había un foro de comentarios en el que poder discutir si les parecían bien las declaraciones de Alberto Toril (exentrenador del Real Madrid femenino), porque todo ese espacio estaba lleno de cosas negativas. Entonces tomamos la decisión de crear un perfil en el que se diera cobertura y visibilidad al fútbol femenino, de la misma forma que se la dábamos al masculino en el perfil principal.

Teníamos claro que existía esa comunidad de gente que amaba el fútbol femenino y que seguía con locura todo lo que sucedía en este. No era casualidad que 91.000 personas hubieran asistido al Camp Nou a ver una eliminatoria de cuartos de final de la Women's Champions League. Y así fue: creamos el perfil @postunitedfem y el impacto fue brutal. En el momento en que escribo el libro ya tiene más de 80.000 seguidores, y lo más importante, todos los comentarios en las publicaciones son debates respecto al contenido de la noticia y no sobre si el fútbol femenino es mejor o peor.

En mi opinión, le dimos al deporte femenino un trato correcto. Esta es la mejor manera de impulsarlo. Y así, si algún día sucede algo increíble que cruce las fronteras e interesa a seguidores tanto del fútbol masculino como del femenino, el seguidor de aquel será quien decida si quiere empezar a seguir a este, sin percibirlo como una obligación. Estoy seguro de que los seguidores y las seguidoras del fútbol femenino prefieren informarse de lo que les interesa en un portal que solo cubre la actualidad de ese deporte a tener que ir a la página 25 de cualquier periódico o bajar hasta el final de la página web de un medio deportivo para encontrar todas las noticias de actualidad que les importan.

Entiendo que no es el punto de vista habitual. Es más, siempre que oigo opinar o hablar sobre este tema, parece que se hace con miedo, midiendo cada palabra para evitar crear escándalos o ser malinterpretado y tener veinte titulares al día siguiente poniéndolo de vuelta y media. Pero como ya he dicho en otros capítulos, cuando tomé la decisión de escribir este libro quería tener un espacio en el que hablar sin tabúes de todos los temas candentes que hay en el mundo del deporte que amo.

Así que ahora que ya he dado mi opinión sobre este tema, y antes de que vayas a mis perfiles personales y empieces a llamarme de todo o ponerme comentarios despectivos porque no estás de acuerdo conmigo, te pido, como hago siempre en mis vídeos, que por favor la leas y, si no estás de acuerdo con ella, lo comentes siempre desde el respeto. Nos vemos en el próximo vídeo..., digo capítulo...

9

¿POR QUÉ ES TAN CARO VER EL FÚTBOL?

¿Cuántos de vosotros veis el fútbol de forma legal y por los canales que tienen los derechos para emitir las grandes competiciones? No soy de la policía, tranquilos.

En los últimos años se han hecho múltiples campañas por parte de los grandes estamentos de las competiciones del fútbol español para denunciar a aquellas personas que ven y consumen contenido de fútbol de forma «ilegal», a través de páginas piratas, o en su momento en el mítico Rojadirecta.

Incluso alguna vez hemos oído a altos cargos llamar «ladrones» a aquellas personas que ven el fútbol a través de plataformas «ilegales». Lo cierto es que no está bien tratar de ver de forma «pirata» un contenido por el que una empresa está pagando cientos de millones, pero los precios que se fijan para ver este contenido tampoco me parecen demasiado justos ni inteligentes.

A los amantes del fútbol nos han enseñado siempre que el fútbol es un deporte muy divertido con el que podías pasarlo bien jugando con tus amigos y viendo los partidos de los mejores equipos del mundo rodeado de los tuyos. Siempre han tratado de vendernos que, más allá del negocio de los clubes y futbolistas que se dedican a esto, no deja de ser un deporte hecho para que lo disfrutase todo aquel que quisiera. Sin embargo, con el paso de los años se ha convertido cada vez más en un negocio muy alejado de los valores que se defendían en un principio.

En 2015, por sesenta euros al mes (un precio ya elevado) podías ver todo el fútbol en España. En la temporada 2024-2025, el precio mínimo era de ciento ocho euros mensuales, una subida del 80 % en solo nueve años. Estos precios no hacen más que alejar a los jóvenes de la posibilidad de ver los partidos de fútbol de forma legal, por no hablar del caos que supone para un aficionado de un equipo poder ver todos sus partidos durante la temporada, ya que los derechos de televisión de LALIGA se encuentran repartidos entre dos plataformas. Supongamos que un aficionado del Betis tenga contratada una de ellas. El fin de semana que emitan el partido de su equipo por esa plataforma podrá verlo, pero si no es el caso tendrá que buscarse otra alternativa para disfrutar de su equipo, o contratar las dos plataformas o *packs* conjuntos, que como ya hemos visto no bajan de los ciento ocho euros mensuales.

En mi caso y el de muchos otros jóvenes, tenemos la suerte de que haya un padre u otro miembro de la familia que pague esa tarifa para ver el fútbol y lo comparta con nosotros. Aun así, las plataformas solo te ponen trabas para ver el contenido. Si en una de las plataformas intentas ver el partido desde la aplicación para televisión, a lo mejor no está disponible y tienes que ponerlo en el ordenador, conectarlo a un cable HDMI. El caso es que si quieres compartir la pantalla del móvil con la de la televisión, tampoco te lo permite.

Algunas personas, bastante alejadas de la realidad, intentan convencernos de que las nuevas audiencias tienen demasiadas distracciones y han perdido el interés por el fútbol, lo cual es completamente falso. En Post United, por ejemplo, tenemos más de trece millones de seguidores entre todas las plataformas. La mayoría tienen de dieciocho a treinta años, interactúan constantemente con nuestras publicaciones, comentan y opinan sobre cada cosa que compartimos.

Veamos también las audiencias en las retransmisiones. Durante la Eurocopa de Alemania en 2024, RTVE emitió todos los partidos en abierto. Encuentros intrascendentes como un Escocia-Suiza de la fase de grupos tenían 2,4 millones de espectadores de media en España, un millón más que el enfrentamiento de ida de los octavos de final de la Champions League entre Real Madrid y Atlético de Madrid que se retransmitió por plataforma de pago.

Evidentemente, creo que si existe una gran empresa que paga millones de euros para tener los derechos de emitir el fútbol, intentará obtener un rendimiento económico, pero también pienso que los grandes estamentos del deporte español deberían poner los medios para que el fútbol no sea tan inaccesible como hoy en día. Además, es contraproducente, porque si estas personas ven el fútbol como un negocio, no tiene mucho sentido que pongan tarifas tan elevadas para gente joven y con pocos recursos: estas nuevas generaciones lo verán como algo tan inaccesible que decidirán no consumirlo y buscar otro tipo de entretenimiento. Sin embargo, si consiguieran enganchar a esta generación con precios muy económicos, probablemente se aficionarían y en el futuro, cuando tuvieran un poder adquisitivo mayor, sí pagarían un precio más elevado.

Está claro que soy un simple aficionado del deporte y no tengo ni idea de los entresijos que hay dentro de las empresas gestoras de los derechos televisivos, pero opino que una gestión más coherente sería tal vez poner una tarifa muy rebajada para menores de treinta años (por ejemplo). Con ello no perderían por completo a una generación de potenciales clientes, o al menos evitarían que esta generación viera el fútbol de forma «pirata». Porque, además, según mucha gente la culpa es de esta generación, que no quiere pagar por ver nada, que lo quiere todo gratis. Pero, si esto si cierto, ¿cómo se explica que muchos jóvenes paguen una suscripción a plataformas ilegales para ver el fútbol de una forma más accesible? ¿Acaso esto no es un claro indicador de que, si los precios fueran más accesibles, probablemente no tendrían ningún problema en pagar una suscripción mensual?

Cómo echo de menos los tiempos en que cada

fin de semana podías ver un partido de Barça o Madrid en abierto por La Sexta con Andrés Montes, que en paz descanse.

Otra de las cosas que no logro entender es la estrategia que siguen las competiciones de fútbol europeo al proteger en exceso los derechos. Me refiero a todas las barreras que ponen para que la gente comparta en sus redes los mejores momentos de los partidos.

Cuando empecé a grabar vídeos de fútbol para mi canal de YouTube, había cierta libertad a la hora de compartir jugadas o goles de los partidos, pero eso no duró demasiado. Primero empezaron censurando y bloqueando cualquier vídeo que contuviera alguna imagen de la televisión que lo emitía, y poco a poco la cosa fue a más. Se llegó a un extremo en el que, si yo me grababa reaccionando ante un partido del Barça en el estadio y en algún momento enfocaba el terreno de juego, venía la policía de YouTube de la mano de LALIGA, la Champions o la competición que fuera y me bloqueaba el vídeo por mostrar un contenido que tiene derechos. Puedo entender que bloqueen y censuren canales que básicamente se dedican a robar el contenido de las televisiones y hacer los resúmenes que hacen estas (después de haber pagado millones por esos derechos), pero no me cabe en la cabeza que se censure a aficionados que han ido al estadio, pagando su entrada para disfrutar del partido, y en un momento del juego han enfocado al campo emocionados para que la gente vea lo mismo que ven en directo.

En mi caso, me bloqueaban el vídeo y me hacían cortar las partes en las que había enfocado al campo. Vale, me decía, la plataforma me pagaba por las visitas que recibía el vídeo, pero a otras personas que no sacaban rédito económico y que lo habían publicado para sus quinientos seguidores, todos ellos familiares y amigos, también les bloqueaban el vídeo y las sancionaban en sus perfiles de Instagram por no tener los derechos de lo que sucede en el campo. ¿Es esto realmente necesario? ¿Le hace algún daño a la competición que @cathyvipi, con quinientos seguidores en Instagram, haya publicado en su perfil un vídeo de la celebración de Chritsantaus Uche contra el Leganés? Yo creo que no.

En este sentido, los grandes estamentos del fútbol europeo podrían intentar aprender de la NBA. Es la mayor liga de baloncesto del mundo, millones de personas de todo el planeta pagan su suscripción para seguir toda la temporada y los *playoffs*, por solo ciento cuarenta euros al año (cerca de doce euros al mes), es la competición más grande y por ese precio te permite ver los partidos de todos los equipos durante toda la temporada. Qué cosas, ¿eh? Con ciento cuarenta euros, en España podrías ver durante un mes todos los partidos de fútbol y te sobrarían treinta y dos euros que tendrías que guardar para pagar al mes siguiente los ciento ocho euros mensuales de suscripción. Sin embargo, por ciento cuarenta euros al año puedes ver los 1.230 partidos de una temporada de la mayor liga de baloncesto del mundo. Incluso ofrecen una tarifa reducida para que solo pagues por ver todos los partidos de tu equipo.

No soy ningún entendido, pero si algo tengo claro es que los estadounidenses no regalan ni un céntimo en los negocios. Si ponen ese precio tan bajo y no lo suben es porque le están sacando mucho beneficio.

Además, no solo nos ganan en esto, sino también a la hora de promocionar la competición. Cualquier persona del planeta puede compartir vídeos y jugadas de los partidos de la NBA, da igual que saquen beneficio económico o no: no se sancionará a ningún usuario por publicar contenido del juego. Habrá quien se lleve las manos a la cabeza y diga: «Pero ¿qué hacen? Con los millones que cuestan esos derechos, ¿cómo le permiten a cualquiera compartirlos sin ninguna regulación ni penalización?».

Cuando tienes un negocio como la NBA, te interesa que haya contenido de tus partidos en todas partes, que todo el mundo tenga la libertad de ver lo emocionante y apasionante que es la competición, que Michael pueda ver que su primo John ha ido a ver un partido y ha grabado cómo Stephen Curry anotaba la canasta de la victoria en el último segundo. Así creas esa sensación de FOMO (miedo a perderte algo) y, al ver todos los días tanto contenido en tus redes sociales sobre este deporte, llega un día en el que dices: «Oye, pues voy a pagar una suscripción, que esto parece muy interesante». Y si le sumas que solo estás hablando de doce euros por ver un mes de competición, eso incentiva la afición a la liga. En mi caso, no soy ningún fan del baloncesto ni me apasiona la NBA, pero he pagado varias veces la suscripción porque me he cruzado con varios vídeos en redes que me han hecho decir: «Oye, voy a tratar de engancharme a esta competición que parece tan apasionante».

Es necesario abrir las puertas a nuevas audiencias, no poner un cerrojo gigante de ciento ocho euros mensuales para que solo aquellos que pueden pagarlos disfruten del fútbol. Este deporte debería estar al alcance de todos, no solo de unos pocos, y si queremos que siga creciendo y nunca deje de ser el deporte número 1, es importante no poner tantas barreras de acceso.

Cuidado con dormirse en este aspecto, porque en cuanto te despistas, otras personas verán tus flaquezas y prepararán alternativas más golosas para la audiencia. Si no, fíjate en la Superliga Europea al estilo de la NBA que Florentino Pérez sueña con crear de la mano de otros altos cargos del fútbol europeo. Uno de los grandes mensajes que tenía para los aficionados era que todos los partidos de esa competición entre los mejores equipos del mundo se verían a través de una plataforma de forma completamente gratuita, sin suscripción alguna, y que solo generarían ingresos a través de la publicidad y los anuncios durante los partidos.

No es casualidad que ese fuera uno de los mensajes principales que querían transmitir a la hora de crear ese nuevo torneo. Pero, bueno, de la Superliga ya hablaremos en otro capítulo.

¿Y tú qué piensas? ¿Crees que esto va a cambiar? ¿Será el fútbol más barato para los españoles en el futuro? Tal vez leas este libro en el año 2030 y no entiendas de qué hablo porque todo ha cambiado y el fútbol ya está al alcance de todos a través de plataformas como YouTube... Ojalá sea así.

10

MI OPINIÓN SOBRE LA SUPERLIGA EUROPEA

Es complicado escribir sobre un asunto como la Superliga Europea, ya que cada año aparecen informaciones nuevas que tiran por tierra todo lo que has escrito. Trataré de dar mi punto de vista sobre la creación de la Superliga Europea como concepto, es decir, hablaré de la posibilidad de que aparezca una liga al estilo de la NBA en Europa en la que participen los mejores clubes del continente.

El 18 de abril de 2021 se anunció de forma oficial que se había creado la Superliga Europea, una competición que pretendía desbancar a la Champions League y cambiar por completo el fútbol formando una liga con los mejores equipos de Europa, que competirían entre ellos cada semana. Evidentemente, cuando el aficionado del fútbol oye la idea por primera vez, se le hace la boca agua, pues ver cada semana partidos como un Manchester United-Real Madrid o un Barça-Bayern de Múnich es algo muy goloso.

Probablemente los fundadores de la Superliga esperaban una reacción de euforia por parte de los fans y de excitación por el cambio que se anunciaba, pero no fue así. Nada más publicarse el anuncio, miles de aficionados de todos los clubes en Europa salieron a la calle y en las redes sociales a quejarse porque pensaban que el concepto de esta competición no era justo para todos los clubes y significaba convertir el fútbol de manera oficial en un negocio en manos de unos pocos privilegiados. Los altercados más graves se dieron en Inglaterra, cuyos ciudadanos admiran mucho su liga nacional y consideran que la Superliga destrozaría por completo la legendaria Premier League.

En España, entre los fans de Barça, Madrid y Atlético había división de opiniones: muchos estaban emocionados de poder ver a su equipo enfrentarse cada jornada a un equipazo, pero muchos otros no lo consideraban justo de cara a los otros equipos de LALIGA que no podían formar parte de la competición.

Las protestas de los aficionados fueron tan fuertes y notorias que nueve de los doce clubes fundadores tuvieron que anunciar, el mismo día en el que habían dicho que formarían parte de la Superliga, que finalmente, dada la respuesta de sus fans, no iban a participar en ella y se desvinculaban por completo, dejando tirados a Barça, Real Madrid y Juventus, que se mantuvieron firmes en su posición.

Vamos a ir por partes. ¿Por qué no es justa la Superliga Europea? Para empezar, partimos de la base de que los creadores de esta competición son altos cargos de algunos de los clubes más grandes de Europa, todos ellos siguiendo las órdenes del «fundador» de este concepto que es Florentino Pérez, presidente del Real Madrid. Es complicado pensar que una competición será justa cuando su fundador es el presidente de uno de los clubes que van a jugar en la liga.

Más allá de esto, en la idea inicial (digo inicial, porque a medida que recibían críticas y comentarios amoldaron la competición) los doce clubes fundadores tenían asegurada su participación cada año quedaran como quedaran en la temporada doméstica. Esto rompía por completo con la historia de este deporte, en la que las posiciones dependen del rendimiento demostrado en el terreno de juego.

Por supuesto que la idea de competición es brillante, pues se trata de un formato muy interesante que cambiaría el panorama futbolístico por completo. Al haber muchos enfrentamientos muy atractivos, las cadenas de televisión pagarían mucho más dinero por los derechos de emisión, los clubes recibirían muchos más beneficios económicos y podríamos ver fichajes y equipos formados por galácticos. Pero no deja de ser una idea muy egoísta que solo mira por los grandes clubes, y deja de lado a todos los equipos históricos del continente y que durante más de cien años han creado la historia de este deporte y enamorado a miles de fans.

Cada país es un mundo y funciona a su manera, en esta sociedad acostumbramos a idealizar en exceso lo que hacen los demás. El caso más evidente es el de Estados Unidos. Siempre que pensamos en cómo hacen las cosas los estadounidenses, tendemos a creer que lo hacen todo bien y que todos los lugares del mundo deberían funcionar igual. No estoy de acuerdo. Desde mi punto de vista, los norteamericanos tienen una forma de pensar y vivir muy diferente de la de los europeos. En lo que al deporte se refiere, la diferencia es aún más grande.

El concepto del deporte allí está mucho más enfocado al negocio, al espectáculo, siempre se busca que pase lo imposible para que todo el mundo hable de lo sucedido y sea viral. Se puede ver en la mayoría de los estadios en eventos deportivos. En la final de la Super Bowl, por ejemplo, ¿qué es lo más importante del partido? El artista que va a actuar y va a hacer el *show* del descanso.

En los descansos de la NBA o de cualquier otra competición norteamericana, siempre tienen que pasar cosas, que si la Kiss Cam, que si el mítico juego de «¿a qué famoso se parece este fan?»... Tienen la necesidad de que pasen cosas constantemente para no perder la atención del aficionado, porque es un negocio al cien por cien, y si el rendimiento de los jugadores en el partido no es lo suficientemente bueno como para que el aficionado esté entretenido, encuentran la forma de que lo esté con cualquier americanada para retener su atención. No hay más interés que el de ganar más y más dinero.

Sin embargo, aquí vivimos el deporte de una forma distinta. Es una pasión que se transmite de padres a hijos, no vamos al estadio para ver el *show* del descanso ni a que nos enfoque una cámara para hacer alguna tontería. Queremos ver a nuestro equipo jugar, y que los once jugadores que van a salir de titulares se dejen la piel por su afición. Somos diferentes. Tal vez ninguno de vosotros recuerda las cinco últimas actuaciones de cantantes en una final del Mundial o de la Champions, pero sí recuerda los resultados y los partidos, y seguro que me podrías decir el once de al menos uno de los dos equipos.

Los aficionados españoles van al estadio por amor al club, y si da la casualidad de que eres aficionado de la Unión Deportiva Las Palmas y un día Quevedo viene a actuar antes del inicio del partido te parecerá genial, pero lo único que te importará es que tu equipo le gane al Mirandés y se coloque en los puestos de ascenso directo.

Está bien admirar y disfrutar de la NBA o la final de la Super Bowl, pero ellos han creado un producto enfocado en el negocio, y no porque ellos hayan hecho bien este producto significa que el nuestro sea malo. Es bueno fijarse en las cosas que hacen bien e intentar adoptar algunas ideas para que nuestro deporte sea más atractivo, pero no por ello tenemos que cargarnos más de cien años de historia y crear la NBA del fútbol para que unos pocos multimillonarios puedan ser todavía más ricos vendiéndonos la película de que lo hacen para que los fans disfruten más. Si realmente quieren mejorar el producto o que los aficionados no pierdan el interés por este, que intenten distribuir mejor la riqueza en el fútbol y que no se lo queden todo los equipos más grandes. Hagamos como en Inglaterra, donde el reparto es mucho más justo y todos los equipos pueden fichar jugadores de máximo nivel.

Pese a no estar de acuerdo con la creación de la Superliga Europea, su aparición ha ayudado a la UEFA a ponerse las pilas y cambiar el formato de la Champions League para hacerlo más interesante. Se mantiene la posibilidad de que todos los equipos puedan algún día participar en esta si su rendimiento los hace colocarse entre los cuatro o cinco primeros de su liga nacional. Adaptar y mejorar el deporte para que sea más atractivo me parece una idea genial, pero siempre que se mantenga su esencia y sin cruzar líneas rojas basadas en hacer negocio o marketing.

Para cerrar este capítulo, me gusta mucho una frase de Deco (exjugador del Barça, Chelsea o Porto): «El fútbol es el único amor que nunca defrauda». Ahora solo necesitamos que los altos cargos no traten de intoxicar y romper el amor que sentimos los aficionados por este deporte solo para ganar algunos millones de más.

11

LOS ESTADIOS, LAS CATEDRALES DEL SIGLO XXI

Desde que sigo el fútbol, una de mis mayores pasiones son los estadios. De hecho, tengo una teoría que sostengo hace años: los estadios se han convertido en las catedrales del siglo XXI. Pero ¿a qué me refiero con esto?

Antes ibas a cualquier pueblo o ciudad de la zona más remota del mundo y siempre había una catedral, una iglesia, una meca..., un sitio de culto religioso que destacaba por encima de las demás construcciones del lugar. La religión ha sido siempre la base de todas las sociedades, si bien es cierto que esto cambia y cada vez hay más ateos. Sin embargo, si recorremos la historia de las civilizaciones veremos que la inmensa mayoría tenían un Dios o una religión que los guiaba y a los que rezaban para seguir adelante con su vida, los hacía sentirse más fuertes porque pensaban que con su ayuda sería todo más fácil.

Y ahora probablemente te estés preguntando: «¿A qué viene este rollo que me acaba de soltar Steve? ¿Qué tienen que ver la religión y las iglesias con los estadios de fútbol?» Tranquilo, que te lo explico.

Con el tiempo, el fútbol se ha convertido en un entretenimiento vital para muchas poblaciones, sobre todo en países tercermundistas en los que, gracias a dos porterías y una pelota o cualquier cosa que se le parezca y se pueda chutar, han conseguido pasar un rato lejos de todos los problemas que los rodean y poder desconectar por un momento.

Sin darnos cuenta, con el paso de los años, el fútbol se ha convertido en una religión. En el sitio más escondido del planeta que te puedas imaginar, vas a encontrar un campo de fútbol. Un buen ejemplo es el estadio Changlimithang, en el que juega la selección de Bután, un reducto budista ubicado en la cordillera del Himalaya.

O en la tan misteriosa y hermética nación de Corea del Norte, en la ciudad de Pionyang podemos encontrar el estadio Rungrado Primero de Mayo, donde juega los partidos la selección del país y que se utiliza también para actos políticos y celebraciones populares. Además, es el estadio con mayor capacidad del mundo, con sus 114.000 asientos.

Antiguamente (y en la actualidad), las personas dedicaban siempre una hora o más de su semana para ir a rezar a la iglesia. Sin embargo, ahora muchos consideran una religión no faltar a la cita en su estadio local durante dos horas para ver el partido de su equipo y animarlo sin parar.

Esta tradición ha pasado de padres a hijos, y en muchas familias intentan inculcar los valores y colores del equipo que se anima en la casa. Creo que todos tenemos algún familiar cercano que siempre se lleva a su hijo o sobrino al estadio desde bien pequeñito para que se haga de su equipo, y este fenómeno es más intenso en las ciudades donde hay dos equipos que tienen una gran rivalidad. En ese caso, la presión es máxima para evitar que el pequeño de la familia se convierta en seguidor del equipo rival.

Como ya he contado, yo fui uno de esos niños. De pequeño, mi padre era el director de marketing del Barça. Estaba obsesionado con que yo tenía que ser culé, ¡y de qué manera se esforzó para conseguirlo!

Desde bien pequeño me llevaba siempre al estadio, no faltábamos a ningún partido, íbamos a las presentaciones de los nuevos fichajes e incluso me llevó con él cuando tenía que viajar con el equipo por asuntos de trabajo.

Nunca olvidaré uno de esos desplazamientos. El 16 de noviembre de 2003 nos llevó a toda la familia a un amistoso entre el Porto y el Barça, con motivo de la inauguración del Estádio Do Dragão. Sin yo ser consciente de ello, con solo cinco años asistí al partido en el que Lionel Messi debutó con el primer equipo. No era un partido oficial, pero fue la primera vez que vistió la camiseta azulgrana con el primer equipo, aquella vez con el dorsal 14 y la mítica camiseta de un color beis que algunos recordarán por el mítico gol de Ronaldinho contra el Chelsea en la Champions League.

La estrategia de mi padre funcionó conmigo: he sido y seré siempre del Barça por él. Con mi hermana no le salió tan bien, pues nunca consiguió que le gustara el fútbol... Más allá de estas anécdotas y recuerdos que siempre quedarán en mi memoria, todos aquellos desplazamientos y visitas a estadios de todo el mundo crearon en mí una obsesión desmedida por los templos de este deporte. A medida que crecía, cuando viajábamos en familia, siempre le pedía a mi padre que fuéramos a ver algún partido durante el fin de semana. Entonces dejábamos a mi hermana y a mi madre juntas visitando algún mercadillo típico del lugar o museo, y nos marchábamos los dos juntos en un plan que llamábamos HP, por «padre e hijo» (no preguntéis por qué, pero poníamos las iniciales al revés, nos hacía gracia relacionarlo con la marca de ordenadores).

Cada vez que pisábamos un estadio nuevo, creaba en mí un recuerdo imborrable, era como ir completando un álbum de cromos, y lo más bonito de todo era ver la cara de felicidad de mi padre cada vez que me veía sonreír en cada uno de estos estadios.

De cada partido me llevaba un recuerdo especial. Una vez fuimos al Emirates Stadium a ver un partido entre el Arsenal y el Swansea City. En todas estas aventuras, mi padre siempre guardaba alguna sorpresa que no me contaba para que el partido fuera más especial, y en esta ocasión lo único que me dijo fue que me tenía que vestir muy elegante. Resulta que estábamos invitados al partido... ¡en el palco! Yo no había estado nunca, debía de tener quince años y la experiencia fue increíble.

Antes del partido organizaron una comida típica con todos los invitados al evento, y cuando ya íbamos por los postres apareció Arsène Wenger, entrenador del Arsenal en aquel entonces, saludó y nos dio la mano a cada uno de los comensales.

Después de darle la mano, me giré y le grité a mi padre: «¡Es Arsène Wenger! Me ha dado la mano». No me lo podía creer. Además, ese partido fue todavía más especial porque ese día me convertí en fan de Michu, en aquel momento delantero del Swansea, que marcó un doblete para darle la victoria a su equipo por 0-2. Mi padre me tuvo que dar un par de toques de atención cuando me veía dispuesto a celebrar sus goles. No era consciente de que no estaba demasiado bien celebrar un gol del equipo rival en el palco de los locales.

Otra de las experiencias más curiosas tuvo lugar en Dortmund, cuando visitamos por primera vez el Signal Iduna Park, un estadio superespecial al que mi padre siempre me decía que algún día iríamos juntos para ver en directo a la afición en el muro amarillo. La experiencia fue increíble, nunca había visto una afición tan apasionada por su equipo, se pasaban los noventa minutos de partido de pie gritando y hondeando las banderas para animar a sus jugadores.

Curiosamente, ese día estábamos sentados en la misma zona que Alfie Haaland, padre de Erling Haaland, que acababa de fichar por el Borussia y jugaba su tercer partido con el club, en el que marcó un doblete y dio una asistencia. Al terminar el partido, nos quedamos un rato hablando con Alfie, porque en ese momento mi padre trabajaba para el Manchester City y Alfie había jugado muchos años allí. Mientras bromeaban con anécdotas de su época en Manchester, apareció su hijo, Erling Haaland, nos presentaron, y entonces Haaland nos dijo una frase que unos años más tarde cobró mucho sentido: «Le tienes que decir a Guardiola que me fiche, mi sueño es jugar en el Manchester City y llevar el dorsal de mi padre». Dos temporadas más tarde, cumplió el que nos dijo que era su sueño y fichó por el club en el que había jugado su padre. Lo único que no cumplió fue lo relativo al dorsal, pues finalmente eligió el 9. El resto es historia.

Una vez que me hice mayor, comprendí que una de las cosas que más me apasionaban de este deporte eran los estadios y vivir en directo partidos de cualquier equipo del mundo, aunque no conociera la existencia del club, solo quería visitar estadios y descubrir los templos del fútbol que había en cada país. Así que decidí preparar un proyecto, de los que siempre pones en tus propósitos de año nuevo pero nunca cumples: quería crear un canal de YouTube y dar la vuelta al mundo visitando los estadios más curiosos del planeta. Incluso intenté contactar con Alejandro Cao de Benós, representante de Corea del Norte en España, para visitar el Rungrado Primero de Mayo, del que ya he hablado y que está en Pionyang.

Creé una hoja de Excel en la que anoté los estadios de todos los países del mundo. Buscaba imágenes, destacaba los más bonitos y espectaculares para darles prioridad a la hora de visitarlos... Pero no pude avanzar más; aún no me veía preparado para dejarlo todo y empezar una aventura muy costosa que no sabía si podría mantener con los ingresos generados con el proyecto. Quién sabe, el Excel está guardado bajo llave y jamás lo eliminaré. Seguro que algún día puedo iniciar esta aventura, ya te tendré informado.

Ahora que ya te he contado mi historia y obsesión con los estadios, espero que me entiendas. Estoy seguro de que muchos os habréis sentido identificados al leer este capítulo, porque cada vez que hacéis un viaje con vuestra pareja lo primero que le decís es qué estadio no os podéis perder en esa escapada.

Sinceramente, te recomiendo que vayas a visitar estadios de otros equipos. Es una experiencia única. Puedes ir a ver a tu equipo en alguno de sus desplazamientos o ir a ver un partido de un equipo que te dé completamente igual, solo el hecho de mimetizarte con los aficionados de ese club y vivir ese partido como si fueras fans desde pequeño ya es algo muy divertido porque solo estarás centrado en disfrutar del momento, no pensarás en si uno de los equipos tiene que ganar o perder, solo te centrarás en pasarlo bien.

Es evidente que muchos pensaréis que soy muy ventajista porque es cierto que muchas de estas anécdotas se las debo a la posición de mi padre y he gozado de ciertos lujos que no me habría podido permitir por mi cuenta, pero a veces es tan sencillo como coger el coche con tu padre o grupo de amigos y visitar alguno de los maravillosos estadios que tenemos en nuestro país: La Romareda, El Molinón, Riazor... Estoy seguro de que, de cada uno de los viajes que hagas, te llevarás un recuerdo inolvidable de alguna de las maravillosas catedrales del siglo XXI que tenemos en España.

12

LOS NUEVOS «AMOS» DEL FÚTBOL

En la oficina de Post United, han trabajado periodistas de todos los equipos posibles de LALIGA, hemos tenido periodistas que eran del Sevilla, otros del Betis, del Barça, del Madrid, del Espanyol... y siempre recuerdo una conversación con uno de ellos, aficionado del Espanyol: «Ojalá nos compre un jeque y fichemos a Cristiano Ronaldo».

Este comentario me pareció muy interesante porque no era la primera vez que lo oía. Otros amigos fans de equipos con mucha menos capacidad económica me lo habían dicho alguna vez. De una década para acá, el dominio del fútbol ha cambiado por completo con la aparición de los jeques y los llamados coloquialmente «clubes-Estado».

En el año 2008, un grupo de inversores de Abu Dabi compró el Manchester City por 250 millones de euros, una barbaridad. El momento en que apareció la noticia fue una bomba, todo el mundo hablaba de ello, había gente indignada porque le parecía injusto y otra que bromeaba con que se estaba haciendo un Modo Carrera de *FIFA* en la vida real.

El Manchester City solía acabar las temporadas

en mitad de tabla o en la parte baja, e incluso durante bastantes años jugó en la Championship, la segunda división del fútbol inglés, y de la nada se convirtió en uno de los equipos grandes de la Premier League a golpe de talonario. En el primer mercado de fichajes en el que los dueños del club ya eran los jeques, se gastaron más de 155 millones de euros en jugadores, uno de ellos Robinho, que procedía del Real Madrid y llegó por 43 millones.

Años más tarde, un fondo catarí compró el Paris Saint-Germain por unos 50 millones de euros. Se hicieron fichajes galácticos que todos recordamos; los más recientes, Neymar, Mbappé y Messi, que llegó «libre» (y aquí las comillas son importantes, pues ya sabemos cómo van los supuestos fichajes que llegan por cero euros y cuáles son sus primas de fichaje).

Con los llamados «clubes-Estado» pasó como con los errores arbitrales: cuando se equivocan en tu contra es una vergüenza y es indignante, pero, cuando lo hacen a tu favor, a todo el mundo le parece bien. ¿A qué me refiero con esto?

El pensamiento generalizado cuando estos nuevos «jeques» irrumpieron en el panorama futbolístico fue de indignación e injusticia. A los aficionados les molestaba mucho que, por culpa de estos equipos, muchos jugadores que tal vez algún día podrían recalar en tu equipo terminaban marchándose a estos clubes porque las cifras de los contratos que les ofrecían eran astronómicas. Sin embargo, todos aquellos aficionados de equipos más pequeños estaban deseando que les tocara el gordo y algún día uno de esos jeques decidiera poner los millones en su equipo.

Finalmente el gordo llegó a España, los jeques aterrizaron en nuestro país, pero podríamos decir que a nosotros nos tocaron los jeques de Hacendado.

El primero en caer fue el Málaga, a manos del jeque Abdullah Al Thani. Por fin había llegado el momento: un jeque multimillonario había decidido gastar sus millones en un equipo español y todos sus aficionados ya soñaban con ver a las estrellas más grandes de la industria del fútbol vistiendo la camiseta del Málaga, y así fue. No fueron los más de cien millones que gastaron en el PSG o el Manchester City, pero llegaron Santi Cazorla del Villarreal por veintitrés millones, Toulalan, Isco, Julio Baptista, Joaquín, el mismísimo Van Nistelrooy (con treinta y cinco años)... Pellegrini se convirtió en el nuevo entrenador y así fue como nació el Euro Málaga.

El rendimiento fue inmediato: en solo un año, el Málaga se clasificó para la Champions e hizo historia la temporada siguiente al llegar a los cuartos de final. Lo eliminó el Borussia Dortmund, que terminó siendo finalista de aquella Champions.

Sin embargo, la ilusión duró poco. Por desgracia, la jugada no salió como en Mánchester o en París. El jeque se marchó y dejó innumerables deudas en un club que vio cómo rápidamente sus estrellas hacían las maletas para buscar otro equipo y poco a poco descendía de categorías hasta llegar a

Primera Federación, la tercera división del fútbol español.

Este desembarco de Al Thani en el Málaga aumentó el deseo de los fans de otros equipos de LALIGA de que llegase un multimillonario y comprara su club para convertirlo en uno de los más grandes de Europa. Constantemente aparecían rumores en los periódicos de que un jeque de no sé dónde quería comprar tal equipo, otro que quería este otro... Incluso llegaron las estafas; la más divertida fue la del Getafe, en la que un camarero brasileño se disfrazó de jeque y engañó a toda la directiva del club. Vamos a explicar bien la historia.

La euforia del momento con los jeques era tal que todos los clubes que pasaban por una situación económica complicada trataban de encontrar a millonarios árabes para saldar su deuda y mantener al club en el máximo nivel. Algunos delincuentes se dieron cuenta de la oportunidad de oro que se les presentaba para estafar a estos equipos y uno de los que cayó fue el Getafe.

En el año 2014, una banda criminal, que residía en Barcelona, se hacía pasar por una empresa que ejercía como intermediaria para ayudar a otras empresas o entidades que pasaban por un mal momento a encontrar inversores. Antes de que esos supuestos inversores pusieran su dinero, la banda les pedía un aval de cincuenta mil euros y desaparecía una vez cobrado este. Eso fue lo que hicieron con el Getafe. Lo que no se esperaban era que el presidente del club les pidiera que asistieran a una rueda de prensa para formalizar el acuerdo y así calmar las aguas porque los aficionados estaban muy preocupados por la situación económica de su equipo.

Entonces pasó un genuino momento *Made in Spain*: los estafadores le pagaron cincuenta euros a un camarero brasileño y le pusieron un disfraz de jeque árabe para que asistiera a la rueda de prensa en la que estaban los directivos, el presidente, un jugador de la plantilla y todos los medios ansiosos por ver la cara de la persona que podía cambiar la historia del Getafe.

Los criminales de la banda siguieron su *modus operandi* y, una vez hecha la estafa, desaparecieron del mapa (aunque los detuvieron unos años más tarde), pero ese momento quedará siempre en el recuerdo del folclore del fútbol español.

Cuando hablo de los que aterrizaron en España como jeques de Hacendado, me refiero a todos los que parecía que iban a llevar a esos equipos que competían por mantener la categoría a competir con los más grandes del mundo en Europa. Ninguno lo logró, y todos huyeron del país en cuanto pudieron, rompiendo toda la ilusión de los fans e incluso destrozando la economía de algunos clubes, que no solo no llegaron a ser grandes como esperaban, sino que además descendieron de categoría temporada tras temporada y acumularon tales deudas que por poco desaparecen.

Hemos hablado en otro capítulo del caso de Peter Lim con el Valencia, pero también tenemos el del Espanyol con Cheng Yansheng, un multimillonario chino que invirtió cincuenta millones de euros y, cuando vio que el equipo no le daba el rendimiento económico que esperaba, dejó de poner dinero. Como resultado, el equipo descendió a Segunda División.

Al Racing de Santander llegó un empresario de la India que compró el equipo español asegurando que se lo iba a vender por quince millones de euros a la familia real de Bahrein. La venta no se materializó y los jugadores estuvieron meses sin cobrar.

Con el tiempo, esa euforia e ilusión por los nuevos amos del fútbol desapareció, y se creó una sensación de miedo cada vez que se vinculaba a tu equipo con un multimillonario porque era inevitable pensar en lo mal que han acabado las historias de los clubes mencionados en este capítulo.

Los casos más recientes parecen esperanzadores, por lo menos en el momento en que escribo este libro. Tenemos al Girona, que pasó a formar parte del grupo de inversores del Manchester City. Gracias a eso ha logrado mantenerse en Primera División y jugar por primera vez en la Champions League. También está el Almería. Lo compró un asesor de la corte real de Arabia Saudita y, aunque no ha conseguido grandes logros deportivos, por lo menos ha estabilizado la economía del club durante más de cinco años y parece transmitir más confianza que los casos ya mencionados (aunque espero que no la líe, porque me dejaría en muy mal lugar).

A modo de conclusión, me gustaría hacer una reflexión sobre un debate que tuvimos el otro día en la oficina de Post United hablando sobre este tema.

Yo les planteé la siguiente pregunta a mis compañeros, que son aficionados de equipos más pequeños: «Como aficionados de vuestros equipos, ¿firmaríais para que vuestro equipo fichase a un montón de galácticos gracias a un jeque multimillonario, hicierais un año histórico en competición europea, pero que luego desapareciera y tuvierais que pasar por unos años muy duros en la tercera división?». Es una pregunta un poco rebuscada, lo sé.

Su respuesta me sorprendió mucho: todos me dijeron que lo firmarían mañana mismo sin dudarlo. Yo no lo entendía, pero me quité el sombrero con su explicación y no me quedó más remedio que estar de acuerdo con ellos.

Para un aficionado de un equipo de la parte media o baja de la tabla, cada temporada es una incertidumbre y solo tienes claro que sufrirás hasta el final y terminarás o bien muy contento porque tu equipo no ha descendido, o bien con una sensación de vacío porque en algún momento puntual de la temporada parecía que se podría hacer historia y entrar en posiciones europeas, pero finalmente ha llegado el golpe de realidad, se comienzan a perder partidos y se vuelve a los lugares habituales en la clasificación. O, peor aún, la plantilla es malísima y se consuma el descenso a Segunda.

No te puedes enamorar de tus jugadores, porque sabes que si hacen un año increíble lo más probable es que la próxima temporada el club los venda para sacar dinero y muy pocas veces se quedan por amor al club. Así pues, cada temporada te acostumbras a ver once jugadores completamente diferentes a los del año anterior.

Después añadieron que la sola posibilidad de ver durante uno o dos años a algunos de sus ídolos vestir la camiseta de su equipo y jugar en Anfield un partido de Champions League, aunque pierda 5-0, es un recuerdo inolvidable que no se habría vivido de no haber llegado el multimillonario. Así pues, aunque el equipo se pase muchos años en el pozo o luchando por no caer a las categorías más bajas del fútbol español al desaparecer el multimillonario de turno, siempre tendrá en la cabeza el recuerdo de haber estado entre los grandes y haber peleado por ganarle a los mejores y en los templos más históricos de este deporte.

Evidentemente, esto es solo una reflexión que me hicieron ellos. Estoy seguro de que alguno de vosotros es más comodón y prefiere evitar esas aspiraciones tan grandes y arriesgadas y limitarse a mantener las cosas tal y como están ahora.

El capítulo termina aquí, pero te emplazo a tomar unas cervezas con tu grupo de amigos en el bar Manolo y sacar el tema. Estoy seguro de que el debate dará para un buen par de horas de conversación, con opiniones y puntos de vista diferentes.

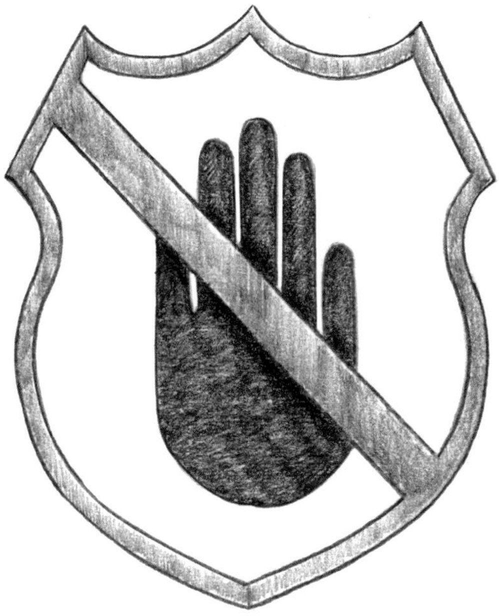

13

EL ESCUDO NO SE TOCA

Desde que crecí, en mi casa siempre ha habido una mentalidad muy emprendedora. Mis padres nos motivaban para crear y pensar en cosas novedosas. Si teníamos una idea disruptiva que podía funcionar, trataban de apoyarnos para que la probáramos. Estoy seguro de que mis padres pensaban que muchas de las cosas o negocios en los que pensábamos mi hermana y yo estaban condenados al fracaso, pero les gustaba que nos arriesgáramos y aprendiéramos a cultivar nuestra mente y a fracasar. Siempre nos han enseñado que para llegar a una «obra maestra» lo más probable es que antes te hayas equivocado miles de veces hasta dar por fin con la tecla.

Mucha gente ha crecido como mi hermana y yo, tratando de romper con lo establecido gracias a ideas locas. Un ejemplo es la Kings League que creó Gerard Piqué. Se inventó una competición de fútbol completamente diferente y enfocada a audiencias más jóvenes, pero ya hablaremos de ello en otro capítulo.

La cuestión es que este tipo de perfiles han sido

muy prácticos para grandes empresas y muchos han creado negocios conocidísimos en toda España. Ahí tenemos a Aleix Puig y la hamburguesería VICIO, que ahora es conocida y tiene locales por todo el país.

Sin embargo, en lo que al fútbol se refiere, cuando estas personas ocupan cargos importantes en clubes o estamentos de la industria del fútbol, lo tienen mucho más difícil y se topan con la pasión y la identidad del aficionado, con los colores, el escudo y la historia del club.

En este capítulo hablaré de eso, de lo cuidadoso que hay que ser a la hora de innovar dentro de la industria. Hay que pensar que el fútbol tiene más de cien años de historia y los cambios son mucho más lentos porque juegas con los recuerdos y la ilusión de millones de personas.

Mi padre siempre me recuerda una anécdota muy curiosa de cuando él era director de marketing en el Barça. En el Camp Nou había un *speaker* que llevaba muchos años en el club y todos los aficionados lo sentían como parte de la historia, pues siempre escuchaban su voz en el estadio cuando comunicaba las alineaciones, los cambios y todo lo que hace un *speaker* durante un partido.

Los del equipo de marketing pensaban que lo hacía bien, pero al desplazarse a otros estadios y templos del fútbol europeo se dieron cuenta de que la mayoría de los *speakers* de los equipos más grandes eran mucho más animados y alentaban a la afición en todo momento o cuando marcaba el equipo local ponían música. Se volvían locos animando para que todos los espectadores vivieran una experiencia más espectacular y se pusieran a gritar con él para generar más ruido y que los jugadores sintieran a la grada desde el terreno de juego y lo dieran todo por sus fans.

El *speaker* del Barça era más calmado. Tan solo hacía las comunicaciones que le tocaban y se limitaba a informar de lo que sucedía a lo largo del partido sin mostrar demasiada euforia.

Así que una de las mentes disruptivas de las que hablaba antes decidió proponer un cambio de *speaker* para que entrase una persona más animada y la afición pudiera conectar más y alentar en todo momento.

La propuesta salió adelante, anunciaron ese cambio y toda la ilusión de la directiva, convencida de que los fans estarían encantados, se fue al garete desde el minuto uno. La reacción fue terrible, la gente estaba indignada, los periódicos deportivos de aquel entonces (en el año 2002) echaban humo y se preguntaban: «Pero ¿a quién se le ocurre cambiar al *speaker* del Camp Nou después de tantos años?».

En vista de la respuesta por parte de la afición y de los medios de comunicación, la directiva hizo una «recogida de cable» histórica y mantuvo al *speaker* de toda la vida en su puesto de trabajo.

¿Por qué reaccionó así la afición del Barça? Al fin y al cabo, desde fuera no parece un cambio tan grande como para que la gente se ponga histérica, no era algo que fuera a afectar al rendimiento del club ni nada parecido.

A mi modo de ver, el hecho de ir al estadio cada fin de semana para animar a su equipo es una rutina, forma parte de la vida del aficionado. Y en este caso, tenían al *speaker* como una voz que formaba parte de ese entretenimiento. No necesitaban que se volviera loco ni que gritara los goles como seguramente lo hacían en el Bernabéu o en el Signal Iduna Park, tan solo era un medio para estar informados de lo que ocurría en el partido.

Además, este *speaker* ponía voz a las comunicaciones de los partidos del Barça desde 1958. No pensaron en que la gente había escuchado su voz cada fin de semana desde hacía cuarenta y cinco años.

Con el tiempo, algo que tal vez parezca una tontería se convierte en una parte más de tu rutina de cada vez que pisas el Camp Nou. Es como si quedas con tus amigos de toda la vida cada miércoles para tomarte unas cervezas y todas las veces que asistís al bar os atiende Paco, y después de cuarenta y cinco años tomando las cervezas en ese bar os dicen que han despedido a Paco para poner a otro camarero que es más eficaz y puede atender a más mesas.

Por muy rápido y eficaz que sea el nuevo empleado, lo más probable es que al grupo le moleste y se indigne con el propietario por haber echado a Paco, porque, aunque solo fuera el que les ponía las cervezas se había convertido en una parte de la rutina de ese grupo de amigos que se reunían cada miércoles.

Pues con el *speaker* del Camp Nou pasó lo mismo. Por mucho que no fuera la persona más animada del planeta ni se volviera loco cuando el Barça marcaba gol, formaba parte de la rutina del aficionado del Barça y de la historia del club, así que ningún culé iba a permitir que una directiva pudiera acabar con alguien que había formado parte del Barça durante cuarenta y cinco años.

Esto no deja de ser una experiencia personal que vivió mi padre hace ya muchos años, pero no hace falta ir muy lejos para conocer otros ejemplos. Si no, que se lo pregunten a los aficionados del Valladolid o del Atlético de Madrid.

Históricamente, la mayoría de los equipos han modernizado y adaptado el escudo. Son pocos los equipos que mantienen el mismo escudo de cuando el club se creó. En los últimos años, muchos clubes europeos cambiaron de escudo para hacerlo más minimalista y simple. Los dibujos de los anteriores eran demasiado perfectos, con siluetas muy marcadas y otros detalles de diseño que dificultaban la elaboración de *merchandising* basado en los escudos.

La evolución de la nueva era digital y la globalización del deporte también han facilitado que cualquier persona del planeta pueda hacerse aficionada de un club pese a vivir a miles de kilómetros de distancia de este. De este modo, los equipos han intentado adaptar su escudo y convertirlo en algo más sencillo y directo para que resultarle atractivo tanto a un aficionado de Barcelona como a otro de Bangladés.

Si antes expuse la situación que vivió la directiva del Barça cuando intentó aplicar el cambio de *speaker* en el Camp Nou, imaginaos lo que supone un cambio tan significativo como es el escudo, el mayor sello de identidad de un club...

Son muchos los clubes que han aplicado ese cambio de estilo, pero algunos han tenido mucho éxito y otros, sin embargo, han provocado una guerra total entre aficionados y directiva. Todos nos llevamos las manos a la cabeza cuando el Manchester City, que tenía un escudo superbonito y perfecto, decidió cambiarlo por otro mucho más simple en forma de círculo. Cierto es que nos hemos acostumbrado con el tiempo y ahora incluso nos cuesta recordar cómo era antes.

También hay que decir que para el Manchester City ese cambio a algo más minimalista fue sencillo debido a que el club había tenido durante varios años un escudo circular, por lo que a la afición no le pareció ninguna barbaridad ni una ruptura radical con la historia del equipo ni de su sello de identidad.

A nivel estético, un cambio de escudo muy parecido al del Manchester City fue el del Real Valladolid. Todos reconocemos su escudo por la mítica corona de laureles que lo rodea y que lo hace tan especial para los aficionados. Sin embargo, en este proceso de cambio y de adaptación a las nuevas modas, optaron por quitar la corona de laureles y volver al escudo que tenía el club en sus primeros años de historia, pero en un formato más actual. Los aficionados respondieron con indignación y un enfado monumental contra la directiva por haber aplicado ese cambio y romper con un escudo tan identificativo para los seguidores de LALIGA.

No soy de Valladolid, ni conozco los entresijos de este cambio ni el motivo real del enfado, así que valoraré este cambio en función de los datos que sí conozco. Pese a ser un equipo históricamente muy presente en LALIGA, su presencia en Primera División no ha sido habitual en lo que llevamos del siglo. Más bien es lo que se denomina un equipo ascensor. Si yo fuera aficionado del club pucelano, sentiría que ese miedo a pasar una mala racha y perder la categoría durante varias temporadas propicia que la gente se olvide de lo que fue el Real Valladolid. Un cambio tan brusco del escudo, por muy moderno que sea, aumenta el riesgo de que no se reconozca la identidad del Real Valladolid si este regresa a Primera División después de diez temporadas en categorías inferiores.

Sin embargo, si mantienes ese escudo tan bonito y espectacular, pase lo que pase en el club y esté en la categoría que esté, siempre que mires el escudo reconocerás al instante que ese es el Real Valladolid. Insisto en que no soy de la ciudad ni entiendo la idiosincrasia del aficionado pucelano, solo ofrezco mi punto de vista desde fuera.

Por suerte, dada la reacción de los fans, el club dio marcha atrás y volvió al escudo de siempre, con esa corona de laureles que es la primera imagen que me viene a la mente cuando pienso en el Real Valladolid.

Otro cambio de escudo que fracasó y creó un revuelo muy grande en el club fue el del Atlético de

Madrid. Este caso me pareció una forma de complicarse la vida de una manera muy tonta por parte de la directiva, porque en los otros ejemplos de los que hemos hablado, el cambio podía tener un trasfondo económico pensando en el *merchandising* y en generar más ingresos con un escudo más fácil de aplicar a la hora de producir los artículos de venta del club, pero en el caso del Atlético nunca llegué a entender por qué tomaron esa decisión.

El escudo del Atlético cambió bastante en los inicios del club, pero a partir del año 1947 se creó un sello de identidad muy marcado con esa forma heráldica, las franjas rojiblancas en vertical, el oso y un madroño como símbolos de la ciudad de Madrid. Si te fijas en los otros cambios de escudo mencionados, puedes llegar a pensar que es cierto que algunos escudos podían haberse quedado un poco anticuados o no estar «en la onda» de lo que tal vez se puede ver hoy día, pero el del Atlético de Madrid, a mi parecer, no era uno de esos casos, ya que es muy identificativo y su estilo no está tan alejado de los nuevos que han hecho otros equipos. Considero que no era necesario hacer ese cambio, que además era mínimo, porque solo se modificaban el contorno dorado y las formas de las crestas. ¿Era realmente necesario?

Imagino que el club hizo un plan y una estrategia en la que consideró que sí o tal vez creyó que era una buena oportunidad de modernizarlo con ese nuevo estilo, pero estoy seguro de que se arrepintió en el momento en que lo aplicó y vio la reacción de los colchoneros que protestaron en cada partido y en las redes sociales pidiendo que volviera el escudo antiguo.

La presión fue efectiva y siete años después volvieron al escudo que había formado parte de la historia del club durante tantas décadas.

El mensaje es claro: está bien innovar y aportar novedades, pero hay que tener siempre una cosa muy clara, no se puede jugar con los emblemas de un equipo y la pasión de los aficionados con un simple fin económico. Más allá de eso, hay que mirar siempre, respetar y pensar en el fan, porque es el que va a estar siempre apoyando pase lo que pase. Además, si no lo haces son los primeros que van a pedir tu cabeza.

Tal vez recuerdes que el 28 de abril de 2025 hubo un apagón nacional. Pues bien, este capítulo lo escribí ese día y me pasé más de dos horas escribiendo a dos velas. No me refiero a que estuviera solo, sino a que tenía la casa llena de platos con velas porque, aunque algunos amigos ya tenían luz desde las cinco de la tarde y estaban conectados mandando mensajes y haciendo llamadas, en mi casa eran las once de la noche y todavía no teníamos red eléctrica... En fin, algún día podré contarles a mis nietos que mi generación vivió una pandemia y un apagón nacional, vio jugar a Messi y Cristiano Ronaldo, y ahora ve nacer a Lamine Yamal. ¡Supera eso!

14

LA KINGS LEAGUE Y LOS NUEVOS FORMATOS

El 10 de noviembre de 2022, pasó algo que nadie había visto venir: se anunció el nacimiento de la Kings League. Imagino que las personas que habéis comprado este libro sabéis qué es y en qué consiste. Por si acaso, daré una explicación rápida para los despistados.

La Kings League es una liga de fútbol 7 que creó Gerard Piqué y consta de doce equipos liderados por *streamers* y algunos futbolistas como Iker Casillas o el Kun Agüero. Este formato nace de una reflexión de Piqué: el fútbol se estaba empezando a hacer un poco pesado y aburrido para las nuevas generaciones; de hecho, en varios pódcast comentó que, cuando veía los partidos con sus hijos, estos estaban más pendientes de ver vídeos en TikTok y contenido en redes sociales que del partido en sí.

¿Qué convertía esta liga en algo más atractivo y diferente del fútbol normal? Que no paraban de pasar cosas. Para empezar, cada *streamer* tenía un *set-up* desde el que reaccionaba a los partidos y se alternaban imágenes del campo con las reacciones de los «presidentes» de los equipos desde sus cabinas.

Lo cierto es que el nivel de los jugadores era mucho menor que el de los futbolistas profesionales de LALIGA, por ejemplo, pero se añadieron algunos aspectos para hacer más entretenido y dinámico el formato.

Por ejemplo, cada equipo tenía varios sobres que incluían ventajas que se podían aplicar durante los partidos. Estas podían implicar que el equipo rival jugara con un jugador menos durante varios minutos, un penalti a favor y muchas cosas más. Parecía el mítico Modo Fiesta del Fútbol del *FIFA*. Además, los equipos tenían una plantilla determinada, pero podían llevar cada jornada a un jugador extra. El primer año solían ser leyendas y exjugadores muy conocidos por todo el mundo. ¡Incluso llegó a jugar Ronaldinho!

Cuando anunciaron el proyecto, mi primera reacción fue pensar que estaban locos, no le veía ninguna posibilidad de competir con el fútbol que todos conocemos. Pero al ver la primera jornada me enganché a todos los partidos y me pareció superatractivo y dinámico, y es cierto que a mí, personalmente, en los últimos años me estaba costando entretenerme viendo según qué partidos de las grandes ligas.

Algunas semanas no había visto ningún partido de la jornada, pero me conectaba los lunes al Twitch cuando hacían el programa llamado *After Kings*, donde estaban todos los presidentes (Ibai, DjMaRiiO, Piqué...) en un mismo plató comentando los enfrentamientos y despotricando entre ellos de sus equipos, y ese formato me parecía muy divertido e interesante.

Sin embargo, a medida que pasó el tiempo empecé a experimentar una sensación que seguro que muchos seguidores compartiréis. Cuando ya se pasaron el juego de tantas maneras, con Ronaldinho, Ibai chutándole un penalti a Iker Casillas, el Kun Agüero jugando un partido..., el formato que tanto me había divertido en un primer momento me empezó a aburrir. Si me perdía un par de jornadas e intentaba reengancharme tenía la sensación de que aquello no era lo que se veía en los primeros partidos. Estaba bien que constantemente trataran de cambiar muchas cosas en poco tiempo para que fuera cada vez más dinámico y diferente, pero en cierto modo eso lo hacía muy difícil de seguir.

Tú puedes perderte dos jornadas de LALIGA o de la Champions League y engancharte a cualquier partido unas semanas después, aunque no hayas visto ninguno de los anteriores porque el juego no cambia, siempre es lo mismo, pero en la Kings League eso era más complicado.

El formato fue una revolución y enganchó a muchos espectadores que todavía son auténticos fans de la competición, pero se generaron unas expectativas sobre audiencias que en el momento en que escribo esto no parece que se estén cumpliendo. Tal vez tengo esa sensación por lo fuerte que empezó todo, con ganadores del Balón de Oro jugando partidos y los mejores *streamers* del mundo implicados al cien por cien en todos los partidos y programas de la Kings. Pero, con el tiempo, muchas de estas personalidades dejaron de implicarse tanto, e incluso Ibai, que parecía el más enganchado, dejó de asistir al Cupra Arena y a los programas de cada semana, lo cual me parece normal, porque lo raro era haber conseguido esa implicación de personas tan importantes dentro del sector digital.

Y tiene mucho mérito todo lo que han conseguido hasta ahora: hacer un Mundial de algo nuevo en tan poco tiempo y tener esas audiencias estratosféricas es increíble, o disputar unas finales en México, o incluso llenar un Camp Nou en el primer año de la competición y crear la categoría femenina superando muchas veces las audiencias de la propia Liga F...; todo eso es una absoluta barbaridad. Y lo cierto es que ha sido todo un fenómeno internacional, pues ahora mismo la Kings League existe no solo en España, sino también en Latinoamérica, Italia o Francia. Es más, en Alemania e Inglaterra copiaron el formato y lo hicieron a su manera: en Inglaterra lo llaman *Ballers* y en Alemania, *Baller League*, liderada por Toni Kross.

Lo que sí está claro, viendo la repercusión internacional y los numerosos plagios, es que el formato ha gustado y tiene sentido. Sin ir más lejos, el mismísimo Lamine Yamal, *target* directo del formato Kings League por edad, pidió tener un equipo dentro de la liga en un momento en el que esta no pasaba por sus mejores números a nivel de audiencia. Seguro que al publicarse este libro su equipo ya habrá jugado muchos partidos contra los de otros *influencers* y nos habrá dejado momentos muy virales.

A la larga y con más continuidad, tal vez retengan audiencia en cada jornada y las cifras aumenten mucho más, no solo en los momentos en que aparece Ronaldinho o alguna persona de renombre. Más allá de los mensajes cruzados o comentarios de amantes del fútbol que rechazaban el concepto de la Kings League, como el propio presidente de la Liga española de fútbol, que se refirió a ella como un «circo» y le auguraba un futuro no demasiado prometedor, la realidad es que deja un mensaje claro: las nuevas generaciones tienen ganas de cambios en el deporte y de que pasen más cosas en el campo y en los partidos.

Por supuesto, esto no significa que ahora, en el descanso de un Real Madrid-Manchester City, tenga que venir Mateu Lahoz a tirar un dado para decidir el transcurso del partido en los próximos minutos, pero estoy seguro de que se podrían hacer algunos pequeños cambios en el mundo del fútbol, sin cruzar líneas rojas, que ayudarían a hacer los partidos más interesantes o a que, como mínimo, pasaran más cosas.

Pero mucho ojo con los cambios, porque no hay que olvidar lo que decíamos en el capítulo anterior: el seguidor del fútbol es muy fiel y lleva muchos años y décadas consumiendo este deporte, así que todo cambio que se aplique, por mínimo que parezca, puede provocar un revuelo brutal y desecharse a las primeras de cambio si no tiene buena acogida entre la audiencia.

No será fácil, basta con ver lo que sucedió con el VAR, una herramienta que venía para ayudar al fútbol y que era una evolución clara para convertirlo en un deporte mucho más justo y con menos errores arbitrales, pero que recibió miles de críticas por cargarse la gracia y el dinamismo de este deporte.

Es curioso oírles este tipo de comentarios sobre algo que podía ayudar a impartir más justicia a unas personas que luego se volvían locas y se indignaban cuando el árbitro se equivocaba en su contra. En fin, pura hipocresía.

Aunque mucha gente se indigna y se lleva las manos a la cabeza cuando oye a exjugadores como Piqué proponer cosas nuevas para ayudar a la evolución del fútbol y hacerlo más entretenido, en mi opinión la clave consiste en tener puntos de vista de diferentes personalidades, que además han sido leyendas de este deporte. Si estos comentarios u opiniones los hiciera yo, que soy un simple fan que no ha pisado más terreno de juego que el de la liga de medios de comunicación, entendería estas reacciones de la gente. Pero cuando quienes proponen estas cosas son leyendas del fútbol, creo que estaría bien, como mínimo, escucharlas y analizar si sus propuestas tienen sentido, porque me da a mí la impresión de que algo sobre la «pelotita» sí que saben...

Veremos cómo evoluciona todo y qué cambios se aplican al final. Pero, por mucho que la gente opine que formatos como la Kings League son un insulto para el fútbol tal como lo conocemos, opino que es bueno que existan y en cierto modo ayudan a que los altos cargos se pongan las pilas y piensen en nuevos conceptos e ideas para mejorar la experiencia del usuario cuando ve partidos de fútbol.

¿Cómo recibiste el lanzamiento de la Kings

League? ¿Te animaste a ver los partidos o rechazaste el concepto desde el minuto 1? ¿Piqué te parece un flipado con ideas demasiado alejadas de la realidad, o crees que lo que dice tiene sentido? Sé que a muchos os resultará difícil analizar este asunto. Por ejemplo, si un aficionado del Real Madrid oye hablar a alguien como Piqué, no puede ser objetivo, pues le vendrán a la cabeza algunas de sus sobradas contra el Real Madrid. Reconozco que a mí me pasaría algo parecido si Sergio Ramos dijera lo mismo que Piqué.

¡Que el circo no pare!

15

EL RECHAZO DE LAS NUEVAS GENERACIONES A LOS MEDIOS TRADICIONALES Y EL NACIMIENTO DE POST UNITED

Hace siete años, tuve una conversación muy profunda en la que hablamos de los medios tradicionales y el rechazo que mi generación sentía hacia su forma de comunicar. Me indignaba al leer algunos artículos en los periódicos o las páginas web de los medios más conocidos y comprobar que lo que leía estaba muy lejos de la realidad.

Me parecía que nuestra generación ha crecido en una era digital en la que internet permite comprobar e investigar cualquier cosa al instante. En solo un segundo tienes la información exacta de algo concreto con solo un par de búsquedas en Google o con el famoso ChatGPT.

Sin embargo, antes los únicos medios que existían para informarse eran los periódicos, la radio y la televisión. Lo que oías o leías allí iba a misa, porque no tenías dónde contrastar esa información. Todos recordamos portadas en las que se veía a Cristiano Ronaldo vestido del Barça como si ya estuviera fichado, o Luis Suárez y David Villa con el Real Madrid... Si algún día te aburres y te apetece reírte, entra en la hemeroteca de algunos de estos medios y alucinarás con muchos de los fichajes que se dieron por hechos sin que en muchos casos existieran llamadas entre clubes o con el jugador.

Tenían ese poder porque, por loca o inverosímil que pareciera una noticia, no había manera de comprobarla y sencillamente te la tenías que creer. Si bien es cierto que a veces tenían información real y exclusivas que se confirmaban con el tiempo, muchas se limitaban a hacer circular rumores o noticias con el fin de vender más periódicos.

No pondré nombres porque todos sabemos de qué medios hablo, pero es un hecho por todos conocido que, cuando gana el Barça, la prensa de Madrid pone el foco en cualquier cosa que no sea esa victoria, y la prensa catalana hace justo lo mismo cuando gana el Real Madrid. Este tipo de periodismo y comunicación puede ser muy efectivo con otras generaciones, pero con la nueva, llamémosla generación Z, no ha funcionado y ha generado un gran rechazo entre los jóvenes.

En esa conversación, concluimos que la gente joven estaba cansada de que todos los medios a los que podían acudir para informarse estuvieran sesgados o marcados por una línea editorial. Por eso empezaron a consumir contenido de información deportiva creado por personas individuales que se limitaban a explicar las cosas tal como las sentían, pues no tenían presiones ni de un lado ni de otro. Como generación, estábamos hartos de que intentaran tomarnos el pelo.

En este proceso de cambio empezaron a aparecer perfiles como el de Fabrizio Romano, que se dedicaba a informar sobre todo lo que pasaba en el mercado de fichajes, confirmando negociaciones, futuros traspasos y desmintiendo noticias cuando salían algunos rumores en prensa. Ni que decir tiene que algunas veces se equivocaba o daba por confirmada una noticia que al final no se materializaba, pero lo cierto es que tenía un porcentaje de acierto muy alto. Más allá de eso, cuando leías las noticias que publicaba en sus redes sociales, veías que esa información no aparecía de la nada ni con intereses de por medio, tan solo se basaba en lo que le decían sus contactos.

Además, los métodos de consumo de la información empezaban a cambiar. Nuestra generación pasaba horas y horas al día enganchada al móvil, pero sobre todo a las redes sociales, plataformas en las que puedes ver todo lo que hacen tus amigos, y que también te ofrecen información de lo que pasa en el mundo a través de creadores de contenido y diferentes entidades con perfiles de usuario.

Otro de los conceptos en los que cambiaba la manera de comunicar eran las exclusivas. Durante décadas, todos los medios de comunicación se peleaban por la exclusiva de cualquier cosa. Que se supiera que se habían adelantado a la competencia a la hora de dar esa noticia le confería mucha reputación al medio y era vital. Ahora a las nuevas generaciones no les importa quién ha dado la exclusiva, ni quién ha conseguido el titular: solo quieren recibir la información y les da igual quién se la dé.

Fue entonces cuando tuvimos la idea de crear

un medio de comunicación cien por cien digital e independiente, un espacio en el que las nuevas generaciones pudieran estar al corriente de toda la información y de todo lo que pasa en el mundo del fútbol, de una forma neutral y sin intereses de por medio. Otro de los factores en los que queríamos diferenciarnos era la forma de comunicar las noticias a nuestro público, porque los medios tradicionales también estaban en las redes sociales, pero no entendían la jerga que se movía en Instagram, YouTube, TikTok...

Una de las claves para poder conectar con la gente y que no sintiera que aparecía de la nada un medio de comunicación y se empezaran a crear especulaciones o comentarios preguntándose de dónde habíamos salido, fue invitar a DjMaRiiO, el *streamer* número 1 de habla hispana sobre fútbol, a ser socio del proyecto. De esta forma, cuando la gente se preguntara: «¿Quién es esta gente y de dónde ha salido?», al ver a DjMaRiiO, su *streamer* de confianza, se relajaría y no nos metería en el mismo saco que a los medios tradicionales.

Dimos en el clavo. Sin embargo, en el primer año del proyecto cometimos un gran error que casi provoca la desaparición de Post United. Al lanzarnos y crearlo, teníamos claro que íbamos a hacer algo completamente nuevo, enfocado a las nuevas generaciones y que rompiera con el choque entre la generación Z y los medios tradicionales.

Pues aquí «los supercracs emprendedores» formamos un equipo de periodistas muy reputados y conocidos que llevaban toda su vida trabajando en medios tradicionales. Así de inteligentes fuimos: pretendíamos crear un medio digital, nuevo y totalmente diferente de los medios tradicionales con un equipo formado por gente que trabajaba en medios tradicionales... No tenía mucho sentido.

Que no se me malinterprete: contratamos a periodistas muy buenos y personas superválidas, pero estaban acostumbrados a trabajar con ideas y contenidos muy enfocados a consumidores de medios tradicionales y no a la nueva generación Z, que era el público al que realmente queríamos atacar. Parecíamos el meme del señor Burns de *Los Simpson*: íbamos de modernos y novedosos, pero comunicábamos igual que los medios tradicionales y durante todo el tiempo buscábamos exclusivas que no pedía nuestro público.

Entonces llegó el momento más tenso que he vivido en Post United hasta ahora. Había pasado un año, no crecíamos en número de seguidores, la gente no visitaba nuestro perfil... No habíamos alcanzado nuestro objetivo y nos quedábamos sin dinero para mantener el proyecto.

Así que decidimos dar un giro de 180 grados y reestructurar toda la plantilla. En vez de fichar a gente de renombre y con muchos años a sus espaldas en el periodismo deportivo, empezamos a contratar a gente muy joven y que acababa de terminar la carrera de Periodismo. En las entrevistas solo poníamos una condición: tenían que ser personas nativas digitales, debían pasar horas y horas viendo TikTok, *scrolleando* en el *feed* de Instagram, comentando en publicaciones de otros perfiles...

Si queríamos llegar a la generación Z, la única forma de hacerlo era recurrir a personas que formaran parte de ella.

El cambio fue todo un éxito. Poco a poco nos salieron los números, la gente nos empezaba a seguir de forma orgánica, ¡nuestro contenido empezaba a molar!

Lo cierto es que entrabas en nuestra redacción y te podías volver loco (y así sigue hoy día). Era como un patio de colegio: un montón de críos con ganas de comerse el mundo hacían contenido en los perfiles de Post United. Y luego estaba Rosa, que era la vigilante del recreo, la llamamos la madre de la oficina, porque es la mayor y echa un poco el freno a toda la locura.

Después de seis años trabajando en este proyecto, puedo asegurar que aquello de lo que hablé aquel día con mi padre tenía sentido. Al escribir este libro hemos superado los trece millones de seguidores entre todas las redes sociales y, pese a tener *haters* (algo inevitable), la nueva generación Z ha abrazado el proyecto y nos ha ayudado a seguir comunicando. Pese a los miles de errores cometidos, siempre hemos contado con el apoyo de la audiencia.

Mucha gente de los medios tradicionales sostenía que los jóvenes no estaban tan interesados en la información deportiva, que les daba igual informarse o saber lo que pasaba en torno al mundo del fútbol... No era cierto: tan solo carecían de los canales y medios para hacerlo.

Imagino que muchos lectores os habéis sentido

identificados en muchas cosas y seguramente hayáis experimentado algunas de las sensaciones que he mencionado. Con esto no quiero que parezca que solo digo lo buenos y guapos que somos Post United, porque no somos los únicos que hemos cambiado los métodos de consumo de la información deportiva. También debo mencionar canales como La Media Inglesa, con sus vídeos de la Premier League; Cracks, con sus noticiarios diarios en YouTube, o 433, los pioneros del concepto de medio digital de fútbol en el ámbito internacional...

Siempre habrá quien prefiera funcionar «como se ha hecho siempre» e informarse con periódicos y medios tradicionales, pero lo mejor de este gran cambio propiciado por la era digital es que ahora todo el mundo tiene un sitio o un portal de información deportiva con el que se siente cómodo y puede elegir qué ver o leer sobre cualquier noticia sin que se lo imponga nadie.

16

LOS JUGADORES VIRALES *RANDOM* QUE NUNCA OLVIDAREMOS

Cuando envíe esta parte del libro a mi editorial, es probable que lean el titular y no entiendan absolutamente nada, pero como está formado por muchos capítulos cortos sobre asuntos concretos, quería dedicar uno a esos jugadores a quienes todos los nativos digitales conocemos y cuyo *lore* siempre tenemos que explicar a nuestros padres cuando estos nos preguntan el porqué de su fama en redes sociales.

Con la aparición de Twitter, los *streamers* e *influencers*, o el Ultimate Team en *FIFA*, las redes sociales hicieron famosos a muchos futbolistas que pasarían desapercibidos de no existir estas plataformas o sobre los que solo sabríamos en qué equipo juegan, pero a quienes no concederíamos mucha importancia por ser uno más en el equipo, o ser muy conocidos en su región pero no en España.

Lo voy a hacer en formato XI, porque sé que si me pongo a enumerar una lista de nombres seguramente me olvide de muchos: así pues, aquí va mi XI de gala formado por leyendas digitales de nuestra generación.

En portería, la mayor pesadilla de todos aquellos que hemos pasado horas y horas jugando al *FIFA 17*, probablemente el mejor portero de la historia de todos los *FIFA*: JACK BUTLAND.

La historia de este jugador es completamente surrealista. Desconocido para cualquier aficionado del fútbol español (a excepción de Maldini, por supuesto), era portero del Stoke City y llegó a jugar algunos partidos con la selección inglesa. Cuando pones su nombre en el buscador de Google, lo primero que te aparece es «Jack Butland *FIFA 17*», y no por casualidad.

El videojuego del *FIFA* pasaba por uno de sus mejores momentos, era totalmente diferente de lo que es ahora, en el modo de juego de Ultimate Team no existían tantas variedades de cartas y a mediados de enero podías estar con un jugador de media 82 porque era «meta». Este portero tenía 82 de media y lo paraba absolutamente todo, parecía el mismísimo Lev Yashin reencarnado, cada fin de semana desquiciaba a todos en Fut Champions y es muy probable que sea el responsable de que Play Station ingresara un pastizal esa temporada con ventas de mandos, ya que te sacaba completamente de quicio.

Su nombre suele estar relacionado con los *streamers* DjMaRiio y RobertPG. Este último le dedicó una canción parodia e incluso grabó un vídeo con él. Empezamos el XI bien, con la portería asegurada.

Antes de ir con la siguiente posición, adelanto que la formación es un 4-3-3 con pivote defensivo: es lo que tiene ser un fan incondicional de Pep Guardiola.

Para el lateral izquierdo estaba claro desde el primer momento: no podía ser otro que «Cucu Cucurella se come una paella», Marc Cucurella. Un futbolista que ha conseguido tirar la pared del meme y convertirse en uno de los mejores laterales del mundo.

La viralidad de Cucurella en redes fue bastante surrealista. Todos conocemos al lateral izquierdo por lo que ha conseguido con la selección española y en el Chelsea, pero antes de eso un *tiktoker* que llevaba el mismo pelo que Marc Cucurella publicó un vídeo cantando una canción un poco rara del jugador español. Fue una auténtica locura, el vídeo lo vieron millones de personas, y lo peor de todo es que, pese a ser una canción malísima y bastante ridícula, no te la podías quitar de la cabeza y, cada vez que Marc Cucurella cogía el balón, solo te podía venir a la cabeza «Cucu Cucurella se come una paella».

El meme se hizo real cuando, durante la celebración de la Eurocopa, Marc Cucurella se subió a una mesa y se puso a cantar su canción delante de todo el mundo. Esto es historia de internet.

Quiero hacer una mención especial también a Fábio Coentrão, o «Conçentrao» para algunos periodistas. Nunca olvidaré el día en que se fue a sentar en el banquillo y Casillas y Benzema tuvieron que decirle que estaba desconvocado porque él no se había enterado. Leyenda.

En el lateral derecho tengo que ir con «Cafucas Vázquez», digo Lucas Vázquez. A este meme le tengo especial cariño. Al principio era una broma bastante «faltosa», ya que Lucas Vázquez siempre había jugado de extremo, pero por varias circunstancias tuvo que adaptarse a la posición de lateral. Al principio, como es normal, cometía muchos errores y salía siempre en la foto de las derrotas del Real Madrid. Sin embargo, le pasó algo bastante habitual en jugadores del Real Madrid y que envidio mucho como aficionado del Barça: en las eliminatorias de Champions se transformó y se convirtió en un lateral muy cumplidor. Siempre recordaremos el partido contra el Manchester City. En uno de los momentos más tensos antes de chutar un penalti decisivo, se puso a hacer toques con el balón como si le diera completamente igual.

En las redes sociales lo apodaron Cafucas Vázquez para hacer honor a uno de los mejores laterales derechos de la historia: Cafú.

Elegir pareja de centrales no ha sido nada fácil, y he tenido que descartar a jugadores como Chygrynskyi, Mathieu o Djené..., pero por decisión personal tenían que estar Harry Maguire y la Cabra, es decir Jesús Vallejo, más conocido como VallеGOAT. El primero no podía faltar, al pobre lo hundieron con el meme que se creó sobre él y hasta ahora ha tenido destellos y algunos momentos muy buenos, pero lo cierto es que su rendimiento ha sido muy flojo y ha cometido errores muy grandes que le han costado derrotas al Manchester United. Ha sido el defensa central más caro de la historia, y esto lo ha tenido siempre en el punto de mira de los fans, más allá de algunos escándalos que lo llevaron incluso a ser detenido en Grecia por temas de alcohol que no ayudaron mucho a su imagen...

Es verdad que ha cometido algunos errores incomprensibles, e incluso tuvo problemas con compañeros de la defensa que enloquecían por completo cuando perdía un balón o fallaba en un pase sencillo. Sin embargo, cuando ha ido con la selección inglesa, siempre ha sido una pieza clave en la defensa. En fin, dejémoslo en que el audio de TikTok de «Harry Maguaiaaar» creó un meme que ya es muy difícil de frenar.

Qué decir de su compañero de demarcación, don Jesús Vallejo, un futbolista del Real Zaragoza que fichó por el Real Madrid avalado por la fama de ser uno de los centrales más prometedores del fútbol español. Lo cierto es que su fichaje por el Real Madrid fue un fracaso, había unas expectativas muy grandes con él, pero no pudo ofrecer el rendimiento esperado. Sin embargo, en las redes sociales todo el mundo lo amaba por el meme que se había creado alrededor de su persona.

Todo empezó con sus entrevistas pospartido, en las que siempre empezaba cualquier respuesta con un «Bueno, pues muchas gracias», fuera cual fuera la pregunta. Pero la locura llegó el día en que Carlo Ancelotti decidió ponerlo a jugar los últimos minutos de la prórroga contra el Manchester City después de haberse pasado gran parte de la temporada en el banquillo. Entonces se vio una imagen que la historia de este deporte jamás olvidará: Jesús Vallejo caminando como si fuera Russell Crowe en *Gladiator*, mientras a su lado, Phil Foden y Kevin De

Bruyne lloraban desolados tras la eliminación del Manchester City... Don Jesús Vallejo.

¡Vaya equipito nos está quedando! De momento, ya tenemos aseguradas la defensa y la portería, así que ahora toca ir a por el centro del campo, ¡y qué centro del campo! Nada puede salir mal si tienes que elegir pivote y oyes la palabra *Gravesinha*. Huelga decir que el faro de este equipo tiene que ser nada más y nada menos que Thomas Gravessen, jugador de culto.

Este ya es más conocido para todos los públicos porque jugó en el Real Madrid en el año 2005. Estaba completamente loco, su actitud dentro del campo me recuerda mucho a la de Rüdiger. Era un futbolista capaz de destrozarte la rodilla y sacarte una sonrisa como si nada hubiera pasado.

El canon que lo ha hecho tan conocido en el mundo digital fue la famosa «Gravesinha» que hizo en un partido de liga contra el Sevilla, una acción muy característica con la que ponía en riesgo su rodilla solo para que todos pudiéramos disfrutar de una acción de muchos quilates. Era entrañable y conectaba con todos los amantes de los memes. Cuando dejó el fútbol, se contaron muchas historias sobre él: que si se había arruinado jugando al póker en Las Vegas, que si llegó a ganar ochenta millones de dólares en un torneo de póker... Nadie sabe lo que pasó en realidad, pero es un jugador que jamás olvidaremos.

Ha sido difícil pensar en dos jugadores que pudieran estar a la altura de Thomas Gravessen para acompañarlo en el centro del campo, pero tengo un par de nombres en mente que creo que te van a gustar.

Del primero lo único que puedo asegurar es que está a ese nivel en cuanto a locura: contigo, ¡Arda Turan! Dejó momentos imborrables para los aficionados del Atlético de Madrid, con el que estuvo a punto de convertirse en el primer jugador turco en ganar la Champions League.

Su *prime* en redes sociales fue el día en que perdió la cabeza en un partido frente al Barça y para sorpresa de todos decidió quitarse la bota y lanzársela al juez de línea por no haber visto una falta cometida contra él. El árbitro lo amonestó con una tarjeta amarilla y el turco nos regaló uno de los momentos más surrealistas en la historia del fútbol.

Para completar el centro del campo, tenía que estar Dani Ceballos, un personaje de aquellos que enamoran a los fans de Forocoches y adictos a Twitter. Lo cierto es que no se le puede discutir nada en cuanto a calidad futbolística. En el Real Madrid no se ha podido ver la calidad que tal vez se esperaba de él, pero ha demostrado tener mucho nivel y calidad en el centro del campo.

Dani Ceballos forma parte de ese grupo de futbolistas a los que les tendrían que haber avisado de que no era muy buena idea ponerse a tuitear según qué cosas en los inicios de Twitter si pretendían ser futbolistas de élite en un futuro.

Entre sus mejores obras en el mundo digital, tenemos joyas como: «Conn franco iva a pasar la pitadaa antieeesss», tuit que puso durante la final de Copa del Rey en la que algunos aficionados del

Barça pitaron el himno de España. También nos dejaba grandes reflexiones que te hacían pensar: «En mi barrio no hacía falta meter tres goles para llevarte el balón a casa. Bastaba con ser gitano».

Estas son dos de las genialidades que nos dejó a los amantes de los memes durante la época gloriosa de Twitter, pero solo tienes que poner en el buscador «Dani Ceballos tweets» y encontrarás auténticas obras de arte.

Llegó el momento clave. Hasta ahora teníamos un equipo bastante completo, pero eso no sirve de nada si nuestra delantera no mete goles, así que vamos con un tridente que hará temblar a cualquier defensa que se tenga que enfrentar a ellos.

Por la banda derecha tenemos a la Cabra, Antony. Uno de los jugadores con los que se han hecho más bromas y memes en las redes sociales.

Todo empezó cuando Ten Hag fichó por el Manchester United y decidió pagar nada más y nada menos que 95 millones de euros por Antony. Cierto, era una suma muy elevada, pero la calidad que demostró Antony en el Ajax antes de fichar por el fútbol inglés justificaba esas cifras. De hecho, muchos clubes estaban dispuestos a pagar esa cantidad para tenerlo en su plantilla.

Como pasó con Harry Maguire, su rendimiento al llegar a Mánchester estuvo a años luz del que se había visto en Países Bajos. No le salían los regates, no conseguía definir del todo bien y los fans estaban indignados al ver que el jugador que tanto les había ilusionado parecía ser otro en Old Trafford.

Y como sucede siempre, en ese momento entraron en escena TikTok y otras redes sociales para crear el meme de Antony. En los vídeos jocosos que se publicaban sobre él, siempre salía un regate que hacía en entrenamientos y en algunos partidos al recibir el balón y ponerse a dar vueltas con él sin que se le escapara. Ese gesto impactaba por su dificultad, pero carecía de utilidad en el campo, pues solo servía para salir en los resúmenes o vídeos de TikTok.

Cuando piensas en Antony como meme, lo primero que te viene a la cabeza es la imagen en la que está al lado de Ten Hag preparado para saltar al terreno de juego con el rostro completamente endiablado como si estuviera a punto de comerse a cualquier rival que se le pusiera delante.

Lo brillante y bonito de este meme en particular vino con su cesión al Betis. Todos los fans del club verdiblanco compartían memes y vídeos en los que se referían a él como la Cabra de este deporte, insinuando que iba a ser el mejor de LALIGA en un tono burlesco. Y, para sorpresa de todos, lo fue. En uno (otro más) de los milagros de Pellegrini como entrenador al resucitar a jugadores que parecían haberse olvidado de cómo se jugaba al fútbol, consiguió devolvernos a los fans la mejor versión que habíamos visto de ese jugador por el que en su momento se pegaban todos los grandes clubes.

En el momento en que escribo este libro, ya ha marcado ocho goles, ha dado cinco asistencias y se ha convertido en uno de los ídolos de la afición bética. Siento mucha curiosidad por saber en qué equipo estará jugando en el momento en que se publique este libro.

Me parecen muy poéticos estos casos de jugadores que se han convertido en meme y objeto de burla dentro de las redes sociales por su nivel dentro del terreno de juego y cuestiones externas, y cómo han creado una coraza impenetrable para que no les afecte nada de lo que dicen sobre ellos. Y tiene mucho mérito, porque dadas las dimensiones actuales del mundo digital, tal vez más de cincuenta millones de personas hayan visto imágenes suyas con bromas sobre su nivel futbolístico, y no es fácil hacer caso omiso de ese ruido.

Cuando iba a elegir el tridente, mis muchos años jugando al *FIFA* me susurraron que convocase a Doumbia, Ibarbo y Gervinho, pero, como Antony y el delantero centro que ahora veréis no podían faltar, me decantaré por Gervinho por la banda izquierda, en representación del tridente más temido de la historia del *FIFA* Ultimate Team.

Experimentemos una sensación inmersiva. Es viernes, llegas a tu casa después del último día de colegio, ya es fin de semana y tus padres te dejan jugar a la consola. Enciendes la Play, pones el *FIFA 15*, empieza a sonar *Are You What You Want to Be?* de Foster The People, entras en tu alineación de Ultimate Team y arriba ves a Doumbia, Ibarbo y Gervinho, todos cartas normales con 78, 82 y 81 de media, sin evoluciones, ni TOTYS, ni TOTS ni nada. Estás en enero y todavía puedes jugar con cartas normales porque son meta... ¡Lo que pagaría por volver a esos tiempos!

Ese tridente te sacaba de quicio, los tres tenían más de 90 de ritmo y encima te daban *link* verde porque los tres jugaban en la Roma. ¡Qué tiempos aquellos en los que tenías que enlazar la química entre posición y posición! Creo que se me ha metido algo en el ojo...

Nuestro delantero centro no podía ser otro que Keita Balde, un jugador que muchos habían olvidado y que volvió a nuestras vidas gracias a la entrevista interminable que le hicimos en el pódcast *El After de Post United*, donde dejó varias declaraciones que quedarán en nuestra memoria para siempre, entre ellas su llegada a Senegal y su gran amigo Shekuuu, que le dijo que si no ganaban la Copa África habría muertos. Estuvo presente durante todo el verano en nuestro «Para ti» de TikTok y tenía que estarlo también en el equipo.

Nuestro XI de leyendas de internet ya está formado, pero de nada serviría juntar a tantos cracs sin un director de orquesta que defina el estilo de juego del equipo y guíe a nuestros jugadores hasta la victoria.

En este caso no he tenido ninguna duda, desde el minuto 1 he tenido claro quién era nuestro hombre. Algunos os lo imaginaréis ya por las elecciones anteriores, pero aquellos que aún albergüéis dudas lo tendréis claro en cuanto os diga la frase: «Esto es fútbol, papá».

Ni que decir tiene que en el banquillo de este equipazo tiene que estar don José Bordalás, padre de España, ídolo de muchos y odiado por otros. Un entrenador capaz de convertir a once albañiles en los mejores jugadores de la historia.

Su estilo de juego ha sido siempre criticado por

muchos, e incluso yo, como aficionado del Barça, le he querido decir de todo cuando mi equipo ha tenido que ir a jugar al Coliseum contra un equipo con once tíos defendiendo durante los noventa minutos. Sin embargo, fue todo un logro llevar al Getafe a unos octavos de final de Europa League contra el todopoderoso Inter de Milán con Djené como capitán, y Damián Suárez, Juan Mata, Nyom..., jugadores más habituales en plantillas que luchan por no descender más que por reinar en Europa.

Sus declaraciones después de partidos respondiendo a las críticas por su estilo de juego eran oro, frases como «Esto es fútbol, papá», o su llegada al estadio con sus peculiares gafas de sol, todo ello por no hablar del *glow up* que hizo a nivel físico. Han aparecido en redes muchas imágenes suyas de cuando entrenaba al Alicante o el Hércules y es imposible reconocerlo si lo has visto en el Getafe. Pocas personas pueden presumir de que su viaje a Turquía haya sido tan efectivo.

Quiero hacer una mención especial a don José Mourinho, por todos los momentos y frases que nos ha regalado en su larga carrera, como la mítica enganchada con Pedro León, en la que llegó a decir en rueda de prensa: «¿Quién es Pedro León? Habláis de Pedro León como si fuera Zidane y es un óptimo jugador que la temporada pasada estaba en el Getafe», faltada histórica.

Además, a Mourinho le tengo un afecto especial porque con él he experimentado una sensación de madurar en términos futbolísticos. Recuerdo que, cuando yo era un fan fatal del Barça, oía sus ruedas de prensa y no lo soportaba, me ponía de los nervios con cada ataque a mi equipo solo para proteger su ego. Sin embargo, con el paso de los años pasé de odiarlo a disfrutarlo, me reía mucho cada vez que lo entrevistaban y soltaba alguna de las suyas. Conseguí diferenciar entre el personaje y el entrenador, y dejé de lado los colores para admirar al primero por todos los momentos divertidos que nos regalaba a los fans del folclore futbolístico.

Ahora sí que sí, tenemos ya nuestro XI completado. Es evidente que en alguna de las posiciones podría haber puesto a otros jugadores, pero en mis años como consumidor de las redes sociales, estos han sido para mí los mejores y los que yo he creído que no podían faltar en este equipo de jugadores virales en las redes sociales, sobre todo por los memes y comentarios que se crearon sobre ellos.

Ahora te toca a ti. Coge papel y boli, siéntete director deportivo por un momento y empieza a crear tu equipo de galácticos con aquellos jugadores que te han faltado en mi XI. Te aviso de que no es fácil, pues hay mucha competencia y tendrás que echar la vista atrás para recordar muchos momentos y memes históricos de jugadores como Benzema cuando dijo: «Ahora me voy a correr», o Nyom con su mítica frase: «Ni los buenos son tan buenos, ni los malos son tan malos».

Son infinitos y te costará elegir en cada posición, pero cuando lo tengas hecho, no dudes en contactar conmigo y mandarme tu XI para que lo pueda analizar y ponerte nota e incluso enfrentarte con los míos para ver quién gana.

17

LA CRUELDAD DEL FÚTBOL

Después de tantos años viendo partidos de este maravilloso deporte, me ha quedado algo muy claro. Pese a ser increíble y regalarnos momentos que jamás olvidaremos, el destino es muy cruel y nos ha dejado historias muy duras, de las que te aparecen en TikTok mientras suena de fondo *Changes* de XXXTENTACION o en el perfil de Elefutbol con frases míticas como «el hombre que murió de pie».

El destino en este deporte suele ser bastante cruel y nos lo ha demostrado varias veces. En la temporada 2024-2025 lo fue con el Athletic Club. Su estadio albergaba por primera vez una final de la Europa League y su equipo era uno de los favoritos para alzarse con el título. Sin embargo, el destino le puso por delante al Manchester United de Rúben Amorim, que, junto con algunas dudosas decisiones arbitrales, frustró el sueño de ser campeón de Europa en su estadio y con su gente.

Pero esta circunstancia suele ser habitual. Si tu club o tu país son sede de una competición, échate a temblar: no suele ser buena señal. Todos conocemos el famosísimo «Maracanazo» en Brasil.

En el Mundial de 1950, «la Canarinha» era favorita por su increíble selección, y sobre todo por el hecho de que jugaban en casa, ya que Brasil organizaba el campeonato. Consiguieron lo más difícil, llegar al partido decisivo en el legendario estadio de Maracaná. Todo el mundo daba por hecho que se iban a coronar como los campeones del mundo ese año, e incluso algunos jugadores de la selección de Uruguay, la otra finalista, confesaron que su planteamiento para ese partido se reducía a no salir goleados y tratar de hacerlo lo mejor que pudieran.

El ambiente era una completa locura. De hecho, el estadio tenía una capacidad de 79.000 personas (el más grande del mundo en aquel momento) y según el recuento oficial había 200.000 espectadores viendo ese partido en el campo, 130.000 personas por encima de la capacidad del estadio, algo impensable hoy en día.

El desenlace fue terrible. Pese a ponerse por delante en el inicio de la segunda parte con una impresionante invasión de campo y algunos petardos, los charrúas se sacudieron el miedo y remontaron con dos goles. De este modo, le quitaron a Brasil el sueño de ganar la Copa del Mundo en su casa y con su gente y sentaron un precedente para la historia del fútbol que jamás se olvidará.

El Real Madrid también sufrió un «Maracanazo» en el Santiago Bernabéu, ni que decir tiene que con mucha menos notoriedad a nivel histórico, ya que era una final de Copa del Rey, pero seguro que muchos madridistas recordarán el día en que perdieron la final de Copa en su estadio en el año 2002 por 1-2 (mismo resultado que el «Maracanazo») frente al Deportivo de la Coruña, en aquel entonces un equipo temido en Europa. Además, fue especialmente doloroso porque era la temporada en la que el club blanco cumplía su centenario.

Y esto es solo un par de ejemplos de la crueldad del fútbol, luego tenemos los casos individuales de futbolistas que parece que tengan un hechizo que los persigue. Todos conocemos la maldición de Harry Kane con los títulos, uno de los mejores delanteros de la historia de Inglaterra que podría haber dejado el fútbol sin apenas ganar ningún título. Además, se podía ver esa crueldad del destino, porque a lo largo de su carrera consiguió llegar a varias finales formando parte de una plantilla del Tottenham que logró cosas increíbles. Sin embargo, pese a hacer lo más difícil con un club no demasiado habituado a ganar títulos, no conseguía rematar el trabajo hecho y la ausencia de títulos parecía una maldición.

Lo más duro, sin duda, llegó cuando el Tottenham de Pochettino hizo historia al ser finalista de la Champions por primera vez, pero el equipo perdió por 0-2 contra el Liverpool de Jürgen Klopp. Pero es que la maldición seguía, y en 2021 llegaba a otra final, esta vez en la Eurocopa, pero Inglaterra perdió contra Italia en los penaltis, aunque anotó uno de los goles de la tanda.

Harto de tener su vitrina vacía, en 2023 decidió dejar el club de su vida para fichar por el Bayern de Múnich y ganar por primera vez un título como futbolista profesional, ya que es raro que el Bayern no gane la Bundesliga. Pues resulta que esa temporada, por primera vez después de once, el Bayer Leverkusen se hizo con el título, y le arrebató así a Harry Kane la opción de estrenar su palmarés. Además, ese año los eliminó en la segunda fase de la copa alemana un equipo de la tercera división del país, algo nunca visto, y no se puede decir que él no hiciera lo imposible para acabar con esa maldición, porque en ese primer año con el Bayern fue el máximo goleador de la temporada en la Bundesliga al anotar la friolera de treinta y seis goles.

Cuanto más avanzo en la escritura de este capítulo, peor me siento por el pobre Harry Kane, porque ese verano disputó la Eurocopa con Inglaterra. La selección practicó un fútbol muy triste y aburrido, y pasó cada eliminatoria por la mínima, pero llegó a su segunda final consecutiva. Ese día piensas: «Ahora sí que sí, el destino del fútbol ya no puede maltratar más a este pobre hombre». Pero, como ya hemos visto en este capítulo, este deporte no entiende de sentimientos y es muy cruel, y en una final trepidante contra nuestra selección española, un gol de Mikel Oyarzabal en el minuto ochenta y seis le dio la Eurocopa a España y Harry Kane terminó hundido en el centro del campo pensando en qué habría hecho en otra vida para que el destino fuera tan cruel con él y la vida le diera tantos golpes.

Por suerte, una de las que para mí es una grandísima virtud de este jugador es que no se ha rendido nunca. Cualquier otro habría tirado la toalla y habría dicho: «Esto no es para mí», pero Harry Kane lo volvió a intentar la temporada siguiente, la 2024-

2025, y por fin lo logró. Con treinta y un años, le ganó el pulso a la bruja o a quien fuera que le había echado esa maldición y consiguió ganar su primer título como futbolista, la Bundesliga alemana.

En casos como el de Harry Kane es bonito ver cómo todos los fans del fútbol ante situaciones así, pese a los memes y bromas que se hacen en las redes sociales, se vuelcan para apoyar al jugador y celebrar ese momento en el que por fin lo logra, como lo hicieron con Marco Reus, otro futbolista que también sufrió como nadie la crueldad del destino.

Este jugador llegó a perder dos finales de Champions con el Borussia de Dortmund, el equipo de su vida, y en 2014, cuando era uno de los mejores jugadores del mundo en su posición, una grave lesión lo apartó del Mundial de Brasil, y su selección, Alemania, levantó la Copa del Mundo contra la Argentina de Leo Messi, algo muy difícil de superar a nivel personal. Pero no me quiero explayar ahora en este caso, porque me gustaría hablar en detalle y con calma sobre su historia en el próximo capítulo.

No quería cerrar este tema sin hablar de la famosa maldición del Benfica, que parece sacada de una película de terror. En el año 1962, el club portugués contaba con la mejor plantilla de la historia del club y pasaba por encima de equipos como el Real Madrid, en aquel momento invencible en competición europea.

Su entrenador, artífice de esa gloriosa plantilla, era Bèla Guttman, que logró hacer que esa plantilla ganara dos Copas de Europa (nombre que se le dio a la Champions League hasta la temporada 1992-

1993), dos ligas y una copa de Portugal. Cuando terminó la temporada, Bèla quiso hablar con la directiva del club para pedirle un aumento de sueldo, teniendo en cuenta los éxitos que había conseguido al crear esa plantilla que iba a ser recordada durante toda la historia del fútbol. La respuesta fue un no rotundo. Entonces, en un arrebato de rabia e ira por esa negativa, salió directo a los micrófonos de la prensa y pronunció una frase que quedará grabada durante siglos en la memoria de todos los aficionados del Benfica: «Sin mí, el Benfica nunca volverá a ganar la Copa de Europa».

Los aficionados del equipo debieron de reírse y pensar: «Pero ¿qué dice este loco? Seguro que con el tiempo se come sus palabras...». Pero aaay, pobres de ellos, está claro que no eran conscientes de lo malvado que es el destino y de cómo le gustan las historias crueles e inverosímiles al Dios que maneja nuestro deporte...

Desde que Bèla Guttman lanzó esta maldición, el Benfica no ha vuelto a ganar ningún título europeo, y eso que ha llegado a cinco finales de Champions y a otras tres de la Europa League, todo esto en sesenta y tres años. Si esto no es brujería, yo no sé lo que es.

Muchas veces nos reímos cuando leemos artículos o historias como las de que el jugador francés Paul Pogba contrató a un morabito (maestro religioso musulmán) para que lesionara a Mbappé, o cuando se comentó que los jugadores de Argentina habían roto su relación con el *Papu* Gómez (jugador de la albiceleste) porque supuestamente habría ido a una bruja a pedirle que se lesionaran los jugadores que jugaban en su posición para que lo convocasen al Mundial de Catar, cosa que consiguió tras una sucesión descabellada de bajas de jugadores en su posición. Espeluznante.

Una vez leídas todas las historias que cuento en este capítulo, parece hasta lógico que, insisto, supuestamente (ya que por ahora no hay pruebas que demuestren los hechos), algunos jugadores profesionales o gente vinculada al mundo del fútbol recurran al azar y a la brujería para tratar de cambiar el destino de este deporte, porque todo lo que sucede alrededor de él carece de lógica y previsibilidad. Por mucho que seas un gran entrenador o jugador y te pienses que lo tienes todo bajo control, el azar del fútbol siempre te sorprenderá con algún giro dramático del destino.

Recuerdo un pódcast que grabé en Post United (*El After de Post United*, por si lo quieres buscar) con Juan Miranda, en el que hablábamos sobre los Juegos Olímpicos de 2024 en los que él jugó y España ganó la medalla de oro plantándole cara a una selección francesa a la que todo el mundo daba como campeona antes de empezar los Juegos. En ese episodio, el futbolista en aquel entonces del Betis me contaba que Sergio Camello, jugador que marcó el doblete que le dio el oro a nuestra selección, salió a jugar al final de la segunda parte porque, según les dijo su seleccionador Santi Denia, había soñado esa misma noche que Camello iba a marcar el gol decisivo de la final.

Todos se rieron cuando lo dijo, porque no tenía

lógica ni sentido, pero tuvo a bien hacer caso a su instinto e imaginación: como ya he dicho, Camello se convirtió en el hombre del partido al marcarle ese doblete a la Francia de Désiré Doué, Michael Olise, Cherki y la leyenda Thierry Henry, que era su seleccionador.

Este deporte deja espacio a genios tácticos y calculadores que quieren tenerlo todo bajo control, pero también a aquellos soñadores que eligen creer que nada es imposible y luchan contra plantillas o equipos multimillonarios con jugadores galácticos, y logran la victoria a base de fe, como lo hizo Ranieri al conseguir que un Leicester que comenzó la temporada con el objetivo de no descender ganase la Premier League, para muchos la mejor liga del mundo, o José Mourinho, que en 2004 puso al fútbol portugués en el mapa al romper la hegemonía de equipos alemanes, italianos y españoles tras su victoria en la Champions League con el Porto.

Se podrían contar otros cientos de miles de historias. De hecho, estoy seguro de que a medida que has ido leyendo este capítulo se te habrán ocurrido varias y habrás pensado: «Steve, te estás olvidando de este jugador», pero como me ponga a contarlas todas no acabamos en la vida y necesitaremos otro libro entero dedicado solo a ellas.

Cuánta razón tenía Enzo Francescoli, leyenda del fútbol en Uruguay, cuando dijo: «El fútbol no tiene lógica, solo hay que jugarlo».

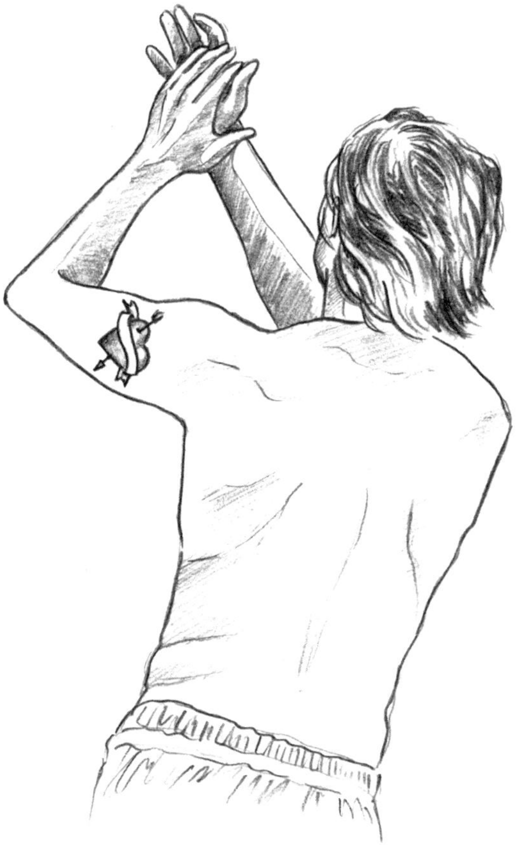

18

LAS HISTORIAS DE AMOR

Cada vez paso más horas viendo TikTok. Creo que, si dedicara a la escritura el mismo tiempo que invierto en *scrollear* la pantalla para ver vídeos absurdos, habría terminado este libro mucho antes. Sin embargo, debo reconocer que uno de los vídeos que me han aparecido esta mañana no ha sido tan absurdo. ¿Recordáis la imagen de aquel aficionado del Barça que besaba el escudo en la terrible remontada que sufrimos los culés en Anfield? Pues me ha salido con la típica musiquita sentimental que te eriza la piel e imágenes de todos los jugadores jóvenes que ahora están levantando al equipo. Puede parecer ridículo, pero este tipo de contenidos me arrancan la lagrimilla y esa vena de sentimiento de club que te hace sentir orgulloso de ser del equipo que eres.

Por primera vez, esa hora y media diaria que dedico a ver TikTok ha servido de algo y me ha inspirado a escribir este capítulo sobre las historias de amor entre jugadores y clubes que nos ha dejado el fútbol a lo largo de su existencia.

Además, creo que después de escribir el capítulo sobre la crueldad del destino y las maldiciones en el fútbol, no estaría mal levantar un poco el ánimo y hablar de cosas más bonitas.

La primera historia de amor de un jugador con su club que me llegó al corazón fue la del alemán Marco Reus. Ya sabemos que esto va de generaciones, pero su historia de amor con el Borussia Dortmund me conmocionó.

Marco Reus empezó en las categorías inferiores del Borussia Dortmund y, como muchos otros futbolistas, tuvo que salir y probar suerte en otras canteras alemanas hasta que en 2012 el club en el que había crecido lo recuperó pagando más de diecisiete millones de euros por él después de que lo nombrasen mejor jugador de la temporada en la Bundesliga. Entonces fue cuando empezó todo.

En ese momento, el equipo alemán tenía una plantilla increíble, venían de ganarle dos ligas consecutivas al todopoderoso Bayern de Múnich, tenían a Jürgen Klopp como entrenador, Robert Lewandowski en la delantera, Mario Götze en el centro del campo, Mats Hummels como eje de la defensa... Era un equipo capaz de competir por metas más grandes que las que la gente pensaba.

En el Borussia, Reus se convirtió en uno de los mejores jugadores del mundo y, como es habitual cuando un jugador triunfa en un equipo alemán, el Bayern de Múnich intentó ejercer su poder sobre el resto de los equipos y fichar al jugador, pero este rompió con las reglas establecidas y les dijo que no a Bayern y a todos los equipos que lo pretendían, porque solo deseaba jugar en el equipo que lo había formado.

En su primera temporada llegó a una final de Champions histórica para el Borussia contra su eterno rival, el Bayern. Por desgracia, esta terminó en derrota por 1-2, con un durísimo gol en el minuto ochenta y nueve de Arjen Robben.

Pese al crecimiento que estaba experimentando el club y la posibilidad de convertirse en uno de los equipos habituados a figurar entre los mejores del mundo, el Borussia no dejaba de ser un equipo vendedor, es decir, que cuando un jugador destacaba y se convertía en crac mundial, tenían que venderlo para mantener una buena estabilidad económica, ya que no podían competir con los salarios de los demás clubes.

Ese primer año, el crac y amigo de Reus que se marchó fue Mario Götze, que además fichó por el Bayern de Múnich, pero a su vez llegó Pierre-Emerick Aubameyang, con quien forjó una gran dupla y amistad tanto dentro como fuera del terreno de juego.

El golpe más duro llegó la temporada siguiente. Con la llegada de Pep Guardiola al Bayern de Múnich, el fiel amigo de Marco Reus, Robert Lewandowski, se marchó libre al eterno rival. A todos se nos ha puesto la piel de gallina alguna vez viendo el famoso vídeo antes de empezar un *Klassiker* en el que se puede ver esa sonrisa entre los dos jugadores que se reencontraban, esta vez cada uno con una camiseta diferente.

Mientras Reus seguía rechazando ofertas de múltiples clubes y se coronaba varias veces como mejor jugador de la Bundesliga, veía que sus amigos no desaprovechaban ninguna de las oportunidades que se les presentaban para crecer como futbolistas en otros sitios sin darle la importancia que sí le daba él debido al vínculo emocional que tenía con el Borussia Dortmund.

Algunos, como Mario Götze y Hummels, probaron suerte en el equipo rival pero terminaron regresando a casa porque aquel desafío les venía demasiado grande.

Su amor por el muro amarillo era más fuerte que cualquier persona o compañero que pudiera tener alrededor. Levantó copas alemanas y supercopas, y formó parte de una era que será recordada por todos los aficionados del club. Cuando en la temporada 2017-2018 Aubameyang se marchó al Arsenal, parecía haber aceptado que esa era la naturaleza de su equipo y que no la podría cambiar. Solo pensaba en hacer ganar al Borussia y transmitir el mensaje a los jóvenes de que se podía hacer historia sin venderse al mejor postor.

Su historia enamoró a todo el mundo, y con el tiempo se ha convertido en un jugador muy querido por todos los amantes de este deporte. Todos nos sentimos muy tristes por él cuando en la temporada 2022-2023 lo tenían todo para romper con la hegemonía del Bayern de Múnich en la Bundesliga, pero un empate en la última jornada de liga le quitó a Marco Reus la posibilidad de ganar una Bundesliga con el equipo de su vida.

El final de la historia de amor entre Reus y el Borussia Dortmund fue trágico. Después de doce años, Reus salió en rueda de prensa para comunicar que la temporada siguiente dejaría el equipo alemán, unas semanas antes de disputar la final de Champions contra el Real Madrid, lo cual significaba que ese partido iba a ser su última oportunidad de hacer historia en su equipo. Debo decir que eso nos vino muy bien a los aficionados del Barça y del Atlético de Madrid, porque, si nos preguntaban, íbamos con el Borussia Dortmund en esa final para apoyar a Marco Reus en ese momento tan bonito.

Sin embargo, como era de esperar dada la diferencia de jugadores entre ambas plantillas, el Real Madrid ganó ese partido por 0-2 y vimos otra vez al pobre futbolista alemán entre lágrimas mientras se abrazaba con Toni Kroos, que también vivía un momento triste porque se despedía del fútbol.

Estoy seguro de que algunos madridistas, pese a ganar ese partido, sintieron un poco de pena al ver al jugador alemán desolado.

La temporada siguiente se marchó a Estados Unidos para fichar por Los Ángeles Galaxy y fue muy bonito ver cómo el Borussia Dortmund hacía algunas publicaciones cruzadas en las redes sociales con el equipo estadounidense deseándole toda la suerte al jugador emblema del equipo alemán.

De hecho, cuando ganó su primera liga como futbolista, la MLS, todo el ecosistema del fútbol se hizo eco, pese a ser un título considerado menor por el nivel de la liga, apoyando y celebrando ese trofeo liguero que por fin había conseguido Marco Reus, la leyenda.

Tal vez algunas personas de otras generaciones

no entenderán el hecho de que se considere tan bonita la historia de Reus por no haberse retirado en el Borussia Dortmund como sí lo hicieron Totti en la Roma o Puyol en el Barça, pero en el contexto que vivimos en el mundo del fútbol actual, haber estado tantos años rechazando ofertas y propuestas de contratos millonarios solo por jugar en el equipo que amas no es nada fácil y es algo digno de admirar.

Evidentemente, el caso de Reus es el que más admiramos tanto yo como otras personas de mi generación, porque ha sido la época en la que hemos tenido más conciencia a la hora de ver fútbol. Si echamos la vista atrás, la historia de Totti con la Roma también es preciosa y probablemente esté por encima de la de Marco Reus para muchos por lo ya expuesto: nunca se marchó de su equipo, pese a las múltiples ofertas que le hicieron los mejores clubes del mundo.

De hecho, es curioso porque el mismo Totti cuenta que la primera gran oferta que descartó fue por su madre, cuando el A. C. Milan intentó ficharlo. La propuesta del equipo italiano era muy importante porque significaba una gran cantidad económica que le habría venido muy bien a su familia, pero en casa de los Totti todos apoyaban a la Roma y, como cuenta el propio jugador, el día en el que su madre le dijo que no al Milan le dio un mensaje que le quedó para toda la vida: «Tu casa es lo más importante en la vida».

Ese fichaje habría significado que Francesco Totti tuviera que abandonar a su familia para irse a

Milán a jugar al fútbol, cosa que su madre no quería por nada en el mundo. Ella quería transmitirle a su hijo el mensaje y los valores de la importancia del lugar de donde eres y de donde vienes.

Así empezó la leyenda de Totti y la Roma, una historia de amor que duró más de veinticuatro años y que no fue tan trágica como la de Marco Reus, ya que Totti pudo levantar una Serie A italiana con el equipo que lo había visto crecer, además de proclamarse campeón del mundo con su país en 2006 y ser nombrado mejor jugador italiano cinco veces en toda su carrera.

Quedarse en la Roma no fue nada fácil para él. Cuando Florentino Pérez estaba forjando su equipo de galácticos, uno de los jugadores que más deseaba era Francesco Totti, y el propio jugador reconoció que su segundo equipo después de la Roma era el Real Madrid, pero el amor por su ciudad natal era más fuerte que cualquiera de las ofertas que recibía.

Su historia es tan bonita que en su visita al Santiago Bernabéu lo ovacionaron al ser sustituido, algo no muy habitual cuando todos los aficionados del Real Madrid saben que has dicho que no a jugar en su equipo, pero este caso era diferente, porque había dicho que no para quedarse en el equipo de sus amores y mantener viva su leyenda.

Años más tarde, visitó al club blanco y disfrutó de un partido como un aficionado más en la tribuna del Santiago Bernabéu.

Este tipo de historias son preciosas y muy importantes para el mundo del fútbol actual, ya que vivimos en una época en la que es muy complicado para los futbolistas rechazar ciertas ofertas millonarias que pueden recibir de otros clubes europeos o de países como Arabia Saudí, China...

Ni que decir tiene que esto no significa que todos los jugadores tengan que ser *one club men* y cumplir o hacer lo mismo que Francesco Totti o Marco Reus. Al final cada persona tiene su vida y una situación familiar que muchas veces influye en la toma de decisiones. Pero está claro que el recuerdo de estas leyendas puede animar a algunos de los futbolistas actuales a seguir en sus equipos.

Un claro ejemplo es Paulo Dybala, que lo tenía todo cerrado y pactado para marcharse a Arabia Saudí y abandonar a la Roma con un contrato que iba a cambiarle la vida por completo: se hablaba de veinticinco millones de euros por temporada.

Los aficionados del club italiano llegaron a ir a las puertas de su casa para pedirle que no se marchara, y en el último momento el jugador argentino dejó este mensaje en las redes sociales: «Gracias, Roma, nos vemos el domingo. No puedo traicionar a esta gente» (refiriéndose a la afición de la Roma).

Los principios ganaron al dinero y Paulo Dybala, que tal vez tenía muy presente a Francesco Totti, siguió en la Roma.

Los *one club men* han dejado un legado importantísimo en la historia del fútbol y muy probablemente se los recuerde durante décadas tanto en los clubes en los que forjaron su leyenda como en el resto del mundo. Seas del equipo que seas, siempre vas a respetar a Carles Puyol, a Paolo Maldini, a

Paul Scholes... Además de haber figurado entre los mejores jugadores del mundo en su posición, han sido siempre fieles a sus colores y han jugado durante toda su carrera en el equipo que los vio crecer, han rechazado contratos en países exóticos, ofertas de los mejores clubes del mundo, y todo con un único objetivo: dejar un legado para todos los futuros futbolistas de ese club.

Muchos leerán este capítulo y pensarán: «Entonces, si no eres *one club man* o te vas a otro equipo por dinero, ¿eres un traidor?». Ni que decir tiene que no.

Además, creo que el concepto de traidor en el fútbol está un poco oxidado. No estaría mal dejar este asunto para el próximo capítulo, pues en este solo quería dejar un espacio para jugadores e historias que nos dejan un hermoso recuerdo de este deporte y nos dan motivos para admirar a los jugadores, pese a que para algunos solo sean once tíos que chutan o corren detrás de un balón.

Ahora te lanzo una pregunta, bastante ventajista porque la responderás desde fuera, pero ¿tú qué harías? Llevas más de cinco años en un puesto de trabajo, estás en pleno momento de crecimiento, la relación con tu novia empieza a ponerse seria y cada vez gastas más y más e incluso te planteas dejar la casa de tus padres para alquilar un piso juntos, y una mañana, surgiendo de la nada, abres tu perfil de LinkedIn y tienes un mensaje del *headhunter* de una empresa del mismo sector que te ofrece el doble de tu salario para dejar el lugar en el que estás ahora e irte a esa empresa. ¿Qué harías?

¿Le serías fiel a la empresa que te dio una oportunidad como becario y en la que has crecido y madurado, o pensarías más en todas las facilidades que tendrías desde el momento en que aceptaras esa oferta?

Digo esto porque muchas veces se tiende a juzgar la situación o las decisiones de los futbolistas desde un punto de vista muy alejado de su realidad personal. Pero no le demos más vueltas. Será mejor que dediquemos un capítulo completo a hablar de los llamados traidores de la industria del fútbol.

19

LOS TRAIDORES

El otro día, tuve la oportunidad de grabar un episodio del pódcast *El After de Post United* con Iker Bravo, un futbolista que se formó en La Masia, en el Barça, pero por desavenencias con el director de fútbol base decidió marcharse cuando tenía quince años y fichar por el Bayer Leverkusen. Una temporada después, quería regresar a España y le llegaban muchas ofertas, entre ellas la de jugar cedido en el Real Madrid Castilla, filial del Real Madrid. Aceptó la oferta del club blanco.

Al haber jugado en el filial del Barça, recibió una campaña de odio bastante grande por parte de los culés y, para colmo, esa temporada le tocó enfrentarse al Barça Atlètic en las semifinales del *playoff* de ascenso a LALIGA Hypermotion.

Al llegar al Johan Cruyff, toda la afición lo insultó, lo llamó traidor e hijo de p*** y muchas cosas más y, mientras calentaba para entrar, los insultos se acentuaron. Además, caldeó el ambiente respondiendo con varios gestos.

En el partido de vuelta de ese *playoff*, entró en los últimos minutos del partido y marcó el gol que clasificaba al Real Madrid y dejaba fuera al que fue su equipo durante muchos años de formación, el Barça.

En ese pódcast que grabé con él, hablamos sobre esos insultos que recibió y le pregunté cómo los percibió cuando estaba en el campo. Su respuesta me sorprendió, porque me dijo que le parecía algo supernormal al haber jugado en el Barça y vestir ahora la camiseta del equipo rival. Incluso me llegó a decir que algo así no tenía que dejar de pasar porque eran cosas del fútbol y no podíamos pretender que dos aficiones con una rivalidad tan histórica se llevaran bien y fueran amigas.

Me impactó mucho su manera de aceptar aquella situación y me pareció admirable que hubiera sido capaz de entender el contexto de esos insultos y normalizar algo que a otros futbolistas tal vez les habría provocado un ataque de ira con el que seguramente perderían los papeles contra la afición.

Dicho esto, por mucho que aprecie la forma en que se tomó todo lo que le pasó y cómo reaccionó, considero que la situación que le tocó vivir fue bastante injusta y no merece todo el odio que recibió. Es cierto que no han ayudado algunas de sus respuestas en otras entrevistas o en otros momentos, pero ¿es Iker Bravo realmente un traidor?

Esa entrevista me hizo pensar y reflexionar mucho, y me animó a escribir este capítulo para hablar del concepto de «traidor» o «mercenario» en el mundo del fútbol, porque creo que varias veces se ha acusado a futbolistas de haber traicionado a su equipo sin pensar en sus motivaciones para tomar esa decisión.

Si nos centramos en el caso de Iker Bravo, cuando un niño empieza a jugar al fútbol solo sueña con una cosa: llegar a ser futbolista profesional, vivir de ello y jugar en los mejores equipos del mundo. Es muy frecuente que cuando un chico joven despunta de una manera descomunal en el equipo de su barrio o en cualquier escuela de formación de España aparezcan los ojeadores del Real Madrid y del Barça para hacerse con él y llevarlo a su cantera con el fin de formarlo y que tenga la oportunidad de jugar algún día en el primer equipo.

Cuando tienes esas dos opciones, si eres de uno de los dos equipos la decisión es fácil porque ambas escuelas de formación son de la élite, y entonces te guías por el corazón y eliges la del equipo que más te guste de los dos. Pero pongamos por caso que solo te llega la propuesta de uno de los dos y es precisamente la del equipo rival del que te gusta. ¿Qué haces?, ¿renuncias a la oportunidad de tu vida de jugar en una de las mejores canteras del mundo?

Me parece bastante obvio que en ese momento es mucho más fuerte el sueño de llegar a ser futbolista que el amor por un equipo.

Hay miles de jugadores que han vivido una situación así. Por ejemplo, el mismísimo Andrés Iniesta, leyenda del Barça y querido por todos, de pequeño salió en una entrevista diciendo: «Yo era del Madrid a todo poder». Sin embargo, se le presentó la oportunidad de ir a La Masia y ser jugador profesional en el Barça y decidió apostar por esa opción y seguir luchando por su sueño. Y lo logró. Era muy pequeño, seguramente después de tantos años y momentos vividos con la camiseta azulgrana, con el tiempo se haya convertido en un culé más, pero siendo un niño aceptó vestir la camiseta del equipo rival al que amaba para tener la posibilidad de convertirse en un futbolista profesional, olé él.

Iker Bravo empezó a jugar al fútbol en La Masia, estuvo bastantes años allí y cuando tenía que dar el salto a la categoría previa al Barça Atlètic, tras una reunión entre su madre y el director de fútbol base del Barça, ella se dio cuenta de que ese directivo no sabía ni quién era su hijo, y se quedó con la sensación de que no iban a cuidar de él y le podrían hacer daño, así que, después de hablarlo con Iker Bravo, que en ese momento tenía quince años, decidieron marcharse al Bayer Leverkusen, equipo que le ofrecía la posibilidad de crecer como futbolista y en unos años convertirse en el 9 del equipo alemán.

Esa decisión no fue nada fácil para él. Había pasado los mejores años de su vida en La Masia, era de Barcelona y dejar su casa para marcharse a un país completamente nuevo con quince años no era nada fácil, pero él estaba dispuesto a todo con tal de conseguir convertirse en futbolista profesional.

Después de un año despuntando en Alemania y de llegar a debutar con el primer equipo en la Bundesliga con solo dieciséis años, echaba de menos España y a su familia y le dijo a su representante que quería volver porque no lo estaba pasando bien en Alemania a nivel personal.

Le llegaron varias propuestas, entre ellas la de jugar cedido en la cantera del Real Madrid, con opción de fichaje si hacía una buena temporada. No fue una decisión fácil: quieres volver a tu país, pero la propuesta que más te puede beneficiar para llegar al fútbol de élite es la del eterno rival del equipo en el que te formaste.

En ese momento, Iker Bravo decidió mirar por él y tratar de cumplir su sueño y se marchó cedido al Real Madrid, pues creía que allí tendría más posibilidades de brillar. Era consciente de que aquello no iba a sentar bien a los aficionados del Barça. Dicho esto, también hay que tener en cuenta que cuando el jugador le comunicó a su agente que quería volver a España, el Barça no estaba interesado en que volviera a jugar allí. De haber tenido las dos opciones, tal vez habría elegido la que le permitía volver a Barcelona, pero nunca lo sabremos.

Una vez contada toda la historia, a mí, que soy aficionado del Barça desde que nací, Iker Bravo no me parece un traidor, de la misma manera que no me lo parecerá nunca ningún chico joven que haya jugado en las dos canteras, porque hay que tener en cuenta sus contextos. Al tomar la decisión, no piensas en el dinero ni en molestar a los fans, simplemente piensas en ti y en tu carrera como futbolista profesional. Eso es lo único que les importa a esos jugadores.

Esto es muy frecuente en las grandes ciudades de España. Puedes empezar jugando en el fútbol base del Espanyol y cuando explotas en las categorías inferiores viene el Barça y te ficha. Lo mismo pasa en Madrid. Anda que no habrá jugadores que son titulares en uno de los equipos pero de pequeños habían jugado en el otro... Es algo completamente normal y no se puede juzgar a los futbolistas por ello.

Por supuesto, no podía escribir sobre los jugadores a los que llaman traidores sin hablar del caso por excelencia en España: Luis Figo.

Probablemente mi punto de vista sea diferente del de otras personas, porque no viví lo sucedido en el momento de máxima ebullición; solo tenía dos años. Se podía intuir que me iba a gustar el fútbol, ya que estaba todo el día jugando con la pelota en casa, pero es evidente que a esa edad solo podía centrarme en decir «papá», «mamá» y alguna palabreja más.

Se ha hablado mucho de Figo y, tengas la edad que tengas, sabes más o menos lo que sucedió. Debo decir que mi percepción sobre Figo como persona cambió mucho al ver el documental de Netflix en el que el jugador y las personas que formaron parte de esa operación contaban toda la historia.

En este caso concreto, entiendo a la gente que, al verlo desde fuera, considera que Figo es un traidor o un mercenario. Para poner un poco en contexto a esas personas que no conocen bien la historia, en su candidatura a la presidencia del Real Madrid, Florentino Pérez prometió que ficharía a Figo, ídolo del Barça en aquel entonces.

En ese momento, Figo era el mejor jugador

del mundo, la afición del Barça lo amaba, y en la celebración de la Liga que ganó el club culé llegó a cantar «Blancos, llorones, felicitad a los campeones» en la plaza de Sant Jaume, refiriéndose al Real Madrid.

Se creó un vínculo muy fuerte entre la afición y el jugador que había llegado a llevar el brazalete de capitán en algún partido.

Cuando salieron a la luz las declaraciones de Florentino, todos los aficionados del Barça se rieron, convencidos de que era solo palabrería y Figo jamás se iría con el eterno rival.

Sin embargo, Florentino ganó la presidencia del club blanco y después de una entrevista en la que el portugués parecía calmar a la afición azulgrana diciendo que no se marcharía del Barça, saltó la sorpresa y terminó fichando por el Real Madrid por sesenta millones de euros.

Fue entonces cuando en el primer clásico entre Barça y Madrid, con Figo vistiendo la camiseta blanca, pasó lo que pasó: tiraron una cabeza de cerdo en el terreno de juego, aparecieron billetes con la cara del jugador, pancartas, insultos... Sin duda fue el partido más caliente en la historia reciente del fútbol español.

Ese cambio de colores solo se podía entender por una razón: el dinero. En el Barça tenía la posibilidad de ganar grandes títulos y hacer historia, y la afición lo amaba. Y era un jugador portugués, parecía muy raro pensar que hubiese sido un madridista desde la cuna y que por eso diera ese giro de guion a su carrera.

Visto ahora, me parece que todo se fue de madre y la gente perdió los papeles en ese partido, pero entiendo que la afición lo considerara un «traidor» o un «mercenario», porque muchos de esos fans (por voluntad propia) tenían su camiseta en casa, y pósteres, y se gastaban una gran cantidad de dinero solo por verlo jugar vestido de azulgrana cada fin de semana. Por hacer un símil, sería como si ahora Lamine Yamal fichara por el Real Madrid. La gente se volvería completamente loca, y más aún si se tiene en cuenta que ha sido un jugador canterano del Barça.

Dicho esto, cuando vi el documental me dio la impresión de que fue más bien un lío que le hicieron a Figo sus representantes, cegados por un contrato que los podía hacer más millonarios y trataron de influir en el jugador y presionarlo todo lo que pudieron hasta que no le dejaron ninguna opción de decirle que no al Real Madrid. Hay precedentes.

Viendo los dos casos comentados, creo que queda claro que son dos situaciones completamente diferentes y que habría que medir muy bien cuándo utilizamos las palabras *traidor* o *mercenario* para atacar a un futbolista. También influye cómo ha ido cada caso. Ronaldo Nazario o Javier Saviola tuvieron otros contextos al fichar por Barça y Real Madrid, y ninguna de las aficiones los ha convertido en el blanco de su ira. De hecho, hoy día Javier Saviola juega partidos con los Barça Legends (equipo compuesto por exjugadores del club azulgrana) después de haberse marchado al Real Madrid.

De todos modos, creo que no estaría mal relajarse un poco y bajar las revoluciones en el fanatismo por este deporte. No me parece mal que un jugador te caiga mejor o peor por las decisiones que ha tomado a lo largo de su carrera, pero dudo que haya que cruzar ciertas líneas que la afición cruza en algunos partidos contra estas personas.

Al final, nosotros solo conocemos la película que nos intentan vender los medios, no tenemos ni la más remota idea de cuál es la realidad de lo que pasa por la cabeza del jugador cuando toma esas decisiones, ni del contexto familiar o conyugal que lo hace irse a un destino solo pensando en el dinero que recibirá por ese movimiento.

Es muy fácil juzgar desde fuera, pero si supiéramos la realidad de todos esos movimientos del mercado de fichajes o declaraciones que han hecho algunos jugadores en momentos concretos de su carrera, probablemente lo entenderíamos e incluso empatizaríamos con ellos, ya que alguna vez nos hemos encontrado en tesituras muy parecidas a las que vivieron ellos.

Cuando el Barça fichó a Alex Song del Arsenal, él mismo reconoció en una entrevista que venía a Barcelona para ser millonario, y ha contado varias veces que tiene veintisiete hermanos. Es inevitable que trate de ayudar a los suyos, y si el contrato que le ofrecen en Barcelona le puede permitir tener una mejor vida y ayudar a su familia, lo considero algo totalmente respetable.

¿Qué quieres que te diga? Si yo estuviera en su lugar, seguro que tomaría la misma decisión, aunque mi club me quisiera mucho y a los fans les diera mucha pena. No olvidemos que los jugadores no dejan de ser empleados del club y cada mes reciben su nómina por jugar en ese equipo.

Está bien admirar al jugador que pone por delante los colores y no se deja guiar solo por el dinero, pero también hay que entender que otros futbolistas decidan pensar más en conseguir contratos millonarios durante el tiempo que puedan dedicarse a este deporte para asegurarse su futuro y no tener nunca más preocupaciones económicas.

20

¿DEBERÍA EXISTIR EN ESPAÑA UNA LIGA DE FILIALES?

Un día, a principios de 2017, mi padre llegó a casa y nos comentó una idea que tenía en mente. Ese año, un equipo histórico de Cataluña, el Centre d'Esports Sabadell, pasaba por uno de sus peores momentos a nivel económico y corría el riesgo de desaparecer a causa de las deudas que acumulaba.

Al enterarse de esto, a mi padre, en aquel momento asesor del Manchester City, se le ocurrió buscar un grupo de inversores para comprar el equipo y sacarlo de aquella situación. Un club con tanta historia y afición no podía desaparecer y, además, le veía un gran potencial por su increíble masa social y sus logros del pasado, pues fue un equipo habitual en Primera y en Segunda.

Nos lo contó porque embarcarse en ese proyecto significaba invertir gran parte de la economía familiar y poner en riesgo la estabilidad que teníamos en ese momento. Cuando lo dijo por primera vez, yo tenía diecinueve años y se me iluminaron los ojos. Le dije al instante que me parecía una idea brillante y que lo veía plenamente capacitado para resucitar al equipo y devolverlo a la categoría en la que merecía estar. Mi madre y mi hermana, mucho más precavidas que yo, que en ese momento era un cafre y solo era capaz de ver lo goloso que el proyecto le resultaba a mi padre, tuvieron más dudas; temían que aquello afectase a la estabilidad económica de la familia.

Al final lo hizo, y en junio de 2017 asistimos juntos a la presentación del nuevo proyecto del Centre d'Esports Sabadell liderado por mi padre.

Al principio me encantó, me sentí un aficionado más del club, sufría más por los partidos del Sabadell que por los del Barça, mi equipo de toda la vida. Cada fin de semana iba a la Nova Creu Alta a ver los partidos y, cuando no jugaban de locales, me organizaba para estar libre y verlos desde casa.

Los años en los que mi padre estuvo volcado en el equipo fueron una montaña rusa. Al principio me emocionaba todo, pero luego tenías que leer comentarios y opiniones sobre tu padre a los que no estabas acostumbrado, gente que lo apoyaba en las decisiones que tomaba, otros que le criticaban todo y lo atacaban constantemente con mensajes muy despectivos. Se hace muy difícil leer según qué cosas de opinión pública sobre alguien tan importante para ti como es tu padre.

Pero me quedo con todo lo que aprendí viviendo desde dentro lo que es la gestión de un club, algo muy complicado y que los aficionados no entienden porque no lo viven en sus casas como lo vivíamos nosotros.

En esos años había muchos cambios y se hablaba de remodelar por completo la Segunda B, división en la que jugaba el Sabadell y que ahora se llama Primera Federación. Una de las cosas que más recuerdo y que más me llamaban la atención era el gran debate que había entre los aficionados de los equipos que jugaban en esa categoría sobre los filiales.

Como muchos sabéis, en España los filiales de cualquier equipo pueden jugar en cualquier categoría excepto si en ella juega el primer equipo. Por ejemplo, Real Madrid y Real Madrid Castilla nunca podrán jugar en una misma división.

Esto ha cambiado a lo largo de los años. Antes los filiales podían incluso jugar la Copa del Rey, algo que ahora no pueden hacer. Uno de los casos más sonados fue la edición de 1980, cuando el Real Madrid Castilla llegó a la final de Copa y le tocó enfrentarse al Real Madrid, el primer equipo, como si de un partido de entrenamiento se tratara.

En los últimos años, los aficionados de muchos equipos históricos de la Primera Federación han pedido, por activa y por pasiva, la creación de una liga al estilo de la Premier League 2. En Inglaterra se protegen mucho todas las divisiones y quieren enfrentamientos en pie de igualdad. Por eso decidieron crear una división específica en la que solo compiten los filiales de los equipos de la Premier League. Cuando hablan de igualdad, se refieren sobre todo a que los filiales de los grandes clubes, con una capacidad económica mucho mayor que el resto, pueden traer a jugadores con un potencial increíble y muy superiores a los que tal vez puedan fichar los otros primeros equipos.

Sobre este asunto hay dos puntos de vista: el del jugador y aficionado cuyo equipo tiene a su filial jugando en Segunda División o en Primera Federación y el del aficionado del primer equipo que lucha cada temporada por no perder la categoría o sueña con que su equipo ascienda a las primeras divisiones.

Debatí sobre este tema en una charla con Aleix García, jugador internacional con España que ha estado en el filial del Manchester City y en las categorías inferiores del Villarreal, así que ha jugado en la Segunda B del fútbol español con un filial y la Premier League 2 de Inglaterra.

Él me decía que la diferencia entre una y otra es muy grande. En la Segunda B se enfrentaba a equipos con jugadores profesionales y que llevaban muchos años a sus espaldas en los terrenos de juego, cada partido para ellos era una guerra, ya que tenían como objetivo, o bien salvar la categoría, o bien ascender a Segunda División. Lo notaba sobre todo en la intensidad de los partidos, las entradas eran más fuertes, cada duelo era una guerra y eso ayudaba mucho a los jugadores jóvenes a prepararse para cuando tuvieran que dar el salto al primer equipo y que no notaran tanto la diferencia.

Además, jugaban en estadios icónicos y repletos de aficionados, vivían en primera persona la experiencia de jugar en el campo de un equipo rival donde los aficionados te aprietan constantemente, algo que cuando estaban en juveniles no les pasaba porque no había tanta afición en los partidos.

Cuando me hablaba de la Premier League 2, me

decía que la intensidad y la presión eran muy diferentes, ya que los jugadores eran mucho más individualistas y solo pensaban en hacer su jugada para destacar, el foco mediático era mucho menor, en los partidos no había tanta afición y ganar el título de la categoría no era algo tan importante porque no tenía ningún valor más allá del título que podías ganar.

En este caso, y pensando en el jugador de manera egoísta, siempre va a preferir jugar en una división en la que se le exige más y que le puede venir muy bien de cara a su futuro como futbolista profesional, pero ¿qué piensa el aficionado de un equipo al que le toca competir contra los filiales de los grandes clubes?

En Sabadell, la opinión generalizada era que no era justo, sobre todo por las ventajas económicas que tenían los filiales a la hora de traer jugadores para su equipo. Recuerdo cuando el Real Madrid pagó cerca de cincuenta millones de euros por Vinícius Júnior, que en ese momento era la sensación en todo el mundo, todos los grandes equipos se peleaban por él, e incluso pensaban en hacerlo titular de su primera plantilla. Sin embargo, el Real Madrid decidió poner al brasileño a jugar en el Real Madrid Castilla para curtirlo y que estuviera más preparado cuando le tocara dar el salto al Santiago Bernabéu.

Para el aficionado de cualquier equipo de Segunda B al que le tocó enfrentarse al Real Madrid Castilla, habían adulterado la competición, porque, pese a ser un jugador muy joven, sacaban a un jugador por el que habían pagado cerca de cincuenta millones en una categoría en la que el fichaje más caro podría rondar los quinientos mil euros.

El caso que me tocó más de cerca fue el *playoff* de ascenso en el que el Sabadell subió a Segunda. El Sabadell tuvo que jugar la final contra el Barça B. Recuerdo que, durante aquellos días en Marbella con mi padre y otros miembros del club como el conocido periodista español Àxel Torres, el tema de conversación era siempre el mismo: cómo iban a afrontar ese partido si el Barça B decidía bajar a jugadores que habían estado toda la temporada en dinámica de primer equipo para jugar ese *playoff* de ascenso.

Y así fue. En el once titular estaban Ronald Araújo, que esa temporada había tenido minutos en varios partidos con el primer equipo; Ilaix Moriba, cuyo contrato, según se decía, rondaba los quinientos mil euros por temporada, algo impensable para cualquier equipo de esa categoría, y muchos otros como Konrad de la Fuente o Iñaki Peña.

Ese partido lo ganó el Sabadell y logró ascender de categoría, pero ¿cómo se habría sentido un *arlequinat* (denominación que reciben los aficionados del Sabadell) si, después de años en la Segunda B, cuando consiguen llegar a una final de *playoff* para volver a Segunda, llega el filial de un equipo como el Barça con jugadores como los que he nombrado y les arrebata ese sueño?

Habría sido durísimo para ellos. Además, el significado de un logro así para cualquier jugador de la plantilla del Sabadell estaría a años luz del de los jugadores de un filial, que probablemente la temporada siguiente ni estarían en la plantilla. No le darán la importancia que tiene una gesta así.

De vuelta a casa, los jugadores del filial no tendrán a toda una localidad esperándolos con todos los aficionados celebrando como locos, no harán una rúa o una celebración en el ayuntamiento para alabar esa gesta, porque no tiene el significado que sí tiene para los otros equipos.

Recuerdo también que, en la época del Sabadell, hubo partidos completamente surrealistas en los que equipos que peleaban por ascender perdían por goleada contra filiales que ya habían descendido y habían perdido la mayoría de sus enfrentamientos esa temporada, porque en ese partido tal vez subía un jugador del juvenil que pasaba por su mejor momento, o jugadores que estaban en dinámica de primer equipo y no iban convocados a lo largo de la temporada, ese fin de semana volvían a jugar con el filial y era un equipo completamente diferente.

A mi modo de ver, creo que las federaciones del fútbol español tendrían que hacer cambios en estas categorías y no permitir que jueguen en ellas equipos filiales de los clubes de primera y segunda división. Creo que tendrían que tomar ejemplo del fútbol inglés y tratar de proteger más a los equipos históricos o pequeños clubes que intentan hacerse un nombre dentro del fútbol español. Pese a ser aficionado del Barça, yo prefiero que la localidad de Mérida pueda tener a su equipo en LALIGA Hypermotion que el ascenso de un filial como la Real Sociedad u otros clubes.

Además, si se hiciera de esta forma, muchos de los grandes equipos cederían a otros equipos a sus jugadores con más potencial y aquellos que quieren que cojan ritmo de fútbol profesional, lo cual ayudaría a subir el nivel de la categoría de una forma más bonita dándole cabida a cualquier equipo del fútbol español.

Es evidente que este pensamiento mío está muy influenciado por los años que viví siguiendo al Sabadell a todas partes, con la afición, viendo todos los partidos... Probablemente muchos aficionados de los grandes clubes preferirán que sus jugadores se curtan en la Primera Federación del fútbol español, pero también es cierto que de esta forma los futbolistas más jóvenes estarían más protegidos ya que no tendrían que enfrentarse a centrales de la vieja escuela, aquellos en cuya cabeza suena en cada ataque peligroso «o pasa el balón o pasa el jugador, pero nunca los dos», y se evitarían lesiones de gravedad que pueden cortar la progresión de estas jóvenes promesas.

Veremos qué pasa con el tiempo, pero lo cierto es que en las redes sociales, principalmente en X, hay una gran corriente de aficionados del fútbol español que apoyan esta idea y consideran que se debería crear esta liga de filiales para que de esta forma tengamos todas las divisiones del fútbol español formadas por equipos del país y que cualquier localidad pueda tener en algún momento de la historia al club de su ciudad compitiendo en las mejores divisiones.

Y en cuanto al C. E. Sabadell, al final mi padre

se marchó del club por compromisos laborales y económicos que no le permitieron prestarle la atención necesaria para seguir creciendo. Ahora solo somos unos aficionados más que ven los partidos desde casa. De hecho, varias veces nos llamamos para comentar los resultados del equipo. Nunca olvidaremos aquellos años en la Nova Creu Alta.

1

21

EL FUTBOLISTA DE BARRIO ESTÁ EN PELIGRO DE EXTINCIÓN

Control, pase, control, pase. Si no lo ves claro, pásala, no arriesgues, tienes que pasarla más... Estas son algunas de las cosas que se pueden oír un día cualquiera en la ciudad deportiva de cualquier equipo de España.

A medida que avanzaba el mundo del fútbol, una de las cosas que más ha cambiado, sobre todo en Europa, ha sido la formación que reciben los futuros futbolistas en las academias. Da la impresión de que se busca un juego perfecto, sin errores. Muchos entrenadores de las categorías inferiores pretenden que los niños jueguen con la misma inteligencia y coherencia con que lo hacen los mayores.

En cuanto un niño despunta en un equipo de barrio, ya lo fichan en las mejores canteras futbolísticas de España y se le inculca desde pequeño el estilo de juego que quieren que hagan cuando sea mayor. Es verdad que no es algo malo del todo porque, de este modo, cuando les toca dar el paso al fútbol profesional están más preparados, pero tengo la sensación de que sin darnos cuenta estamos creando un fútbol demasiado perfecto. Es como si los clubes tuvieran una fábrica que crea robots para que luego estos jueguen a un fútbol perfecto y sin imprecisiones ni jugadores que se salen de lo habitual.

Si te fijas, en Europa sobre todo, es complicado que aparezcan jugadores que se salgan de lo establecido y rompan con las estrictas normas del «futbolista perfecto». Por eso cuando aparecen futbolistas como Lamine Yamal, Nico Williams, Bryan Zaragoza, Bryan Gil o Pedri, sus primeros partidos son una alegría para todos, porque no siguen las normas y nos ofrecen un espectáculo necesario para darle vida al fútbol. Se puede ver en los calentamientos previos a los partidos que estos cracs van a su bola por completo; mientras todos hacen rondos, control y pase, jugadas ensayadas, ellos están haciendo toques con el balón, filigranas o practicando cosas impensables.

La clave de estos jugadores son los años que han pasado jugando al fútbol en el barrio, de ahí el apodo de «futbolistas de barrio». Recuerdo una frase de Lamine Yamal en una rueda de prensa en la que le preguntaban si tenía miedo de que no le salieran las cosas y respondió: «El miedo lo dejé en el parque de Mataró hace tiempo».

Esa respuesta me marcó, porque Lamine es un futbolista que ha crecido en un barrio humilde. Más allá de la estricta y marcada formación que recibía en La Masia, él siguió jugando siempre en su barrio pachangas con sus amigos del colegio y de la zona.

Está muy bien que te enseñen y te eduquen futbolísticamente en una escuela de fútbol tan importante a nivel mundial como es la del Barça, pero creo que, para encontrar talentos que se salen de la norma, es clave que jueguen y entrenen también fuera de esas escuelas, en sitios en los que no tengan a nadie que les grite que se la pasen a uno u otro, un sitio en el que puedan probar y hacer los regates que quieran sin un entrenador que les impida hacer esas cosas porque si fallan pueden poner en un compromiso al resto de su equipo y provocar un gol del rival.

En la misma línea, también recuerdo otra frase muy buena de Lamine Yamal antes de la final de la Eurocopa contra Inglaterra en el programa *Jijantes* de Gerard Romero. El presentador le preguntaba si veía vídeos de los defensas rivales antes de jugar contra ellos, para saber por dónde salir o qué jugadas hacer, y Lamine le respondió que no miraba nada de los rivales porque si no habría muchos regates que no intentaría en el partido, ya que en los vídeos habría visto que si lo intentaba se lo iban a tapar. Añadió que le encantaba prepararse para los partidos con su perro, porque ellos son completamente imprevisibles y no sabes nunca por dónde te van a dar para quitarte el balón.

Con esto no me refiero ni mucho menos a que ahora tendrían que traer perros a las ciudades deportivas de los equipos y entrenar todo el día con ellos, pero lo cierto es que se debería dejar más espacio a la creatividad y a aquellos jugadores que parecen ser diferentes para que inventen y prueben cosas nuevas. Lo más seguro es que muchos fracasen y no lleguen. Sin embargo, los pocos que lo consigan serán talentos mundiales y harán disfrutar con su espectáculo al aficionado de ese equipo que paga su entrada cada fin de semana. Estoy seguro de que muchos de los fans del Granada quedaron satisfechos cuando apareció un perfil de jugador como el de Bryan Zaragoza, a quien no parecía importarle formar parte de un equipo que tenía que defender y pelear cada partido para sacar los puntos suficientes para no descender y que, pese a enfrentarse a rivales como Barça o Madrid, no se empequeñecía y nos deleitaba a todos los aficionados con jugadas increíbles y golazos espectaculares.

Lo más sorprendente es que cuando eres joven y juegas en un equipo de la parte media y baja de la clasificación, cualquier error que cometas puede poner en un compromiso a tu equipo, pero a él no le asustaba eso y arriesgaba en cada partido para probar las cosas que durante toda su vida le habían salido bien en su barrio.

Por desgracia para los espectadores del Nuevo Estadio Los Cármenes (campo del Granada), después de esa mitad de temporada tan escandalosa, el Bayern de Múnich pagó cerca de veinte millones de euros por él.

A muchos les parecerá algo muy descabellado, y puede ser que me esté tirando un triple de grandes dimensiones, pero si en lugar de hacer que los niños entrenen cada día de la semana con las escuelas de fútbol sin descanso y siguiendo las órdenes de sus entrenadores, pudieran dedicarse uno o dos días concretos de la semana, en vez de a entrenar con el club, a pasar las horas que quieran jugando en un campo de barrio con otros niños, haciendo una rápida, un rey de la pista, ¡cualquier tontería! En tal caso, los niños, porque recordemos que, pese a llevar vidas de futbolistas profesionales no dejan de ser niños, pasarían un rato ameno y divertido y saldrían un poco de la burbuja en la que viven en las ciudades deportivas o residencias donde tienen que seguir unas normas muy estrictas de alimentación, estilo de juego y rutina de vida.

Hace tiempo tuve una conversación muy interesante con Mario Suárez, exjugador del Atlético de Madrid, y compartíamos el mismo punto de vista. Él me decía que cuando empezó a jugar al fútbol en la cantera rojiblanca todo era muy diferente, se reía diciéndome que había noches antes de partidos importantes en las que cenaba un bocadillo de lomo y queso, algo que ahora probablemente no se le permitiría a ningún jugador de un filial o, en caso de que lo hiciera, el club le diría que se tiene que cuidar más y estar atento con este tipo de comidas porque pueden afectar a su rendimiento... Tonterías.

Lo más gracioso de todo es que cuando aparece un jugador brasileño con una calidad, una técnica y un desparpajo descomunal, automáticamente todos los clubes europeos se vuelven completamente locos y se pelean para pagar millonadas por él. Y la clave de la mayoría de estos jugadores como Neymar, Vinícius Júnior, Estêvão o Rodrygo es el tiempo que pasaron jugando al fútbol en las favelas con sus amigos del barrio.

De la misma forma en que las escuelas de formación han sido capaces de detectar que siguiendo unas rutinas pautadas, normas y dietas estrictas y un estilo de juego concreto, los futbolistas salen mucho más preparados y no desentonan tanto cuando les llega su momento, creo que deberían detectar también que si les dieran un poco de manga ancha y libertad a ciertas jóvenes promesas, eso podría ayudar a que aparecieran más jugadores especiales, diferentes, de aquellos que dejan al comentarista sin palabras en cada jugada que hacen o intentan.

Si nos fijamos en el Barça de Hansi Flick que ganó la Liga, la Copa del Rey y la Supercopa de España y se quedó a las puertas de la final de la Champions League, ¿quiénes fueron dos de los jugadores claves o decisivos para conseguir ganar esos títulos? Lamine Yamal y Pedri, dos chicos que han crecido jugando en los campos de su barrio, Pedri en Gran Canaria y Lamine en Mataró. Tal vez eso signifique algo, ¿no?

O el caso, por ejemplo, de Luis Díaz, el extremo colombiano, que se crio en una familia indígena de un lugar llamado La Guajira, una zona muy castigada por la pobreza en la que la única distracción que tenía Luis Díaz cuando era pequeño era jugar al fútbol en los campos de tierra. Pasó muchos problemas de alimentación y desnutrición. Sin embargo, eso no afectó a su calidad futbolística.

Jugaba en el equipo de La Guajira entrenado por su padre, y se empezó a correr la voz de que tenía una calidad futbolística muy por encima del resto, cosa que llegó a los oídos del Pibe Valderrama, que en ese momento era el director técnico de la selección de comunidades indígenas.

Con dieciocho años, Luis Díaz ya era el capitán de la selección de Colombia en la Copa Americana de pueblos indígenas. Fue entonces cuando el Junior de Barranquilla se interesó en él y lo incorporó en sus filas. Más tarde fichó por el Porto y el resto es historia.

Curioso, ¿no? Un jugador con problemas de desnutrición y en un entorno muy complicado, pero con la libertad de jugar al fútbol y entrenar a su manera, llegó a lo más alto del fútbol profesional. Para mí hay una cosa muy clara: la calidad se tiene o no se tiene, y en este tipo de casos o perfiles que destacan tanto y se les exige que en cada partido nos sorprendan a todos con alguna de sus genialidades, creo que es importante que se les dé más libertad, por supuesto bajo unos mínimos. Pero si presionas demasiado a estos jugadores puede pasar que pierdan su ilusión por el fútbol y con ello la magia que desprenden dentro del campo.

«Yo juego al fútbol para divertirme y hacer que la gente que ha pagado su entrada disfrute.» Parece mentira que esto lo haya dicho un niño de diecisiete años, Lamine Yamal.

Es evidente que cada posición dentro del campo es un mundo. Probablemente la manera de funcionar que tienen las escuelas de formación del fútbol europeo sea muy buena para defensas centrales, pivotes defensivos o laterales; es decir, jugadores que necesitas que cumplan una vez que pisen el terreno de juego. Pero si un equipo quiere centrocampistas creativos, extremos con un truco de magia diferente en cada jugada o porteros capaces de tapar balones imposibles, tiene que darles más libertad y dejar que se lo pasen bien y disfruten del juego, porque es lo que quieren, la calidad está claro que la tienen.

He llegado a la conclusión de que los clubes europeos prefieren formar a los «jugadores robot», como yo los llamo, que cuando suben al primer equipo saben perfectamente lo que tienen que hacer en cada momento, y no crear esos jugadores diferentes y especiales de los que hablo en este capítulo. En el caso de que aparezca un jugador que cumple con esas características, prepararán la cartera y desembolsarán los millones que les exija el equipo de origen del jugador.

Voy a cerrar este capítulo con una anécdota personal. Cuando Lamine Yamal tenía diez u once años, yo hacía vídeos sobre el Barça en mi canal de YouTube y había muchos chicos de la cantera que me seguían a través de mis redes sociales. Uno de ellos era Lamine Yamal. De hecho, gracias a él pude grabar un vídeo muy especial en el que se me ocurrió traer a niños de La Masia para verlos reaccionar a goles y jugadas de Ronaldinho, porque ellos no lo habían visto jugar, pues eran demasiado pequeños. Cuando digo gracias a él, me refiero a que él fue quien llamó a todos sus compañeros y les dijo que vinieran a grabar. Fue increíble, seguramente alguna vez te haya aparecido en TikTok algún clip de ese vídeo.

Pero bueno, ese no es el asunto, solo quería

alardear de que grabé con Lamine Yamal cuando este tenía diez u once años. Lo gracioso de esta historia, y que viene a cuento de la temática de este capítulo, es que Lamine me escribía muchas veces mandándome goles y jugadas que había hecho en sus partidos, con comentarios como: «¿Has visto que se parece al gol de Neymar?», porque él quería probar cosas imposibles. Miraba vídeos de Neymar, se iba al barrio de la Rocafonda en Mataró y ahí ponía a prueba todas esas diabluras que había visto desde su casa en YouTube y, además, lo hacía también con la camiseta azulgrana en La Masia.

Probablemente cuando cumpla ochenta años tenga a mis nietos martirizados con estas anécdotas tan surrealistas que me ha dado la vida. Pero como falta mucho para que llegue esa escena, de momento las voy a ir contando en algunos capítulos de este libro.

En resumen: hay que cuidar a los «futbolistas de barrio», son una especie en peligro de extinción y su alegría y modo de ver este deporte nos hacen disfrutar como niños a todos los espectadores que vamos al estadio o vemos el partido en nuestras casas.

22

LOS «NUEVOS MESSI»

Muchas veces vuelvo la vista atrás y recuerdo momentos que he vivido desde que tengo uso de razón. He tenido la suerte de ver al mejor Ronaldinho en el Camp Nou haciendo elásticas y pases sin mirar mientras sonreía mirando al público después de cada jugada. Cuando Ronaldinho se fue apagando apareció Messi, que hacía que cada fin de semana tuviera la necesidad de ir al Camp Nou para ver qué jugada mágica se iba a inventar esa jornada. Por si fuera poco, el Real Madrid fichó a Cristiano Ronaldo y viví la mayor rivalidad futbolística que ha existido en la historia, Messi contra Cristiano. He visto a Busquets, Iniesta y Xavi competir contra Casemiro, Kroos y Modric para ver cuál era el mejor trío en el centro del campo de la historia. He vivido el Barça de Guardiola y el nacimiento de un entrenador que iba a cambiar la historia del fútbol como lo conocíamos, acompañado, además, de una rivalidad en los banquillos increíble junto a Mourinho. He sufrido a la BBC, una delantera que en cada clásico sabías que te lo iba a hacer pasar mal en alguna de sus galopadas, ya fuera por Bale, por Cristiano o por Benzema.

He visto al Atlético de Madrid inventarse un delantero goleador nuevo en cada temporada: Fernando Torres, Forlán, Agüero, Falcao, Diego Costa, Griezmann, Julián Álvarez... He visto también a un niño de veinte años liderando la selección francesa y llevándola a ganar un Mundial, Kylian Mbappé; a un goleador que parecía más un cíborg que un humano, Erling Haaland; a un jugador que tenía el potencial para comerse el mundo y tomarle el relevo a Messi en los terrenos de juego, pero que prefirió el dinero a ser rey, Neymar, y ahora estoy viendo a un niño que quiere seguir los pasos de los más grandes y convertirse en el mejor del mundo, Lamine Yamal.

Todo esto y muchas más cosas que se me habrán olvidado lo he vivido con tan solo veintisiete años. La gente de mi generación somos unos privilegiados, porque, además, todavía nos quedan muchas décadas de fútbol por vivir.

Lo más impresionante de todo era ver cómo uno de estos jugadores se apagaba. Cuando Ronaldinho comenzó a perder su magia, aparecía algún adulto y te decía: «Prepárate, porque pasarán muchos años hasta que vuelvas a ver a un jugador como Ronaldinho», y de la nada aparecía Messi.

A veces tengo la sensación de que el fútbol real es como en el Modo Carrera del *FIFA*. En este modo de juego en el que simulas ser entrenador o jugador de un equipo, cuando un jugador estrella como Messi, Cristiano o Neymar se retira aparece en algún equipo o cantera aleatoria del mundo el llamado «regen», que es un jugador que a medida que vayan pasando las temporadas será igual y tendrá las mismas estadísticas y características que tenían aquellos que se han retirado.

Cuando Sergio Busquets se fue a la MLS, parecía muy complicado volver a ver a un pivote que cumpliera con sus características y que tuviera esa calma y tempo de juego, con su físico tan característico, pero en muy poco tiempo apareció Rodri.

Ha pasado con muchísimos jugadores y seguirá pasando. Ahora en LALIGA soñamos con revivir ese Messi versus Cristiano con Lamine versus Mbappé.

Sin embargo, tengo la impresión de que, desde los medios de comunicación y los propios fans, estamos forzando demasiado estos «regens». Todos hemos entrado alguna vez en la página web de algún periódico o portal deportivo y hemos visto un artículo de este estilo: «Fulanito, el niño de trece años que será el nuevo Messi».

Sin darnos cuenta, tenemos tanto miedo de no volver a ver jugadores como los que hemos visto hasta ahora, que en cuanto un niño hace una jugada o algo que nos recuerda a ellos, ya lo comparamos y le ponemos la etiqueta del nuevo Messi, Cristiano, Sergio Ramos..., sin pensar en la presión que recae sobre ese niño.

Todos recordamos la irrupción de Jesé Rodríguez en el Real Madrid de la BBC, cuando maravilló a todo el mundo con su calidad y definición dentro del campo y aparecieron montones de artículos que lo apodaban «Jesé, el nuevo Cristiano».

Además, el futbolista se prestaba a estos titulares, y llegó a decir que en cuatro años se veía ganando el Balón de Oro. Sin embargo, una grave lesión de rodilla lo apartó de los terrenos de juego y ya no volvió a ser el mismo, fichó por el PSG y desde entonces su carrera no ha sido la que se esperaba.

¿Cómo se gestiona pasar de ser el nuevo Cristiano y el supuesto jugador que podía liderar al Real Madrid a convertirse en un futbolista más? No es fácil, y creo que cuando se hacen este tipo de artículos o comparaciones hay que tener cuidado y pensar también en el daño que se le puede hacer a la persona. Probablemente, si no se le hubieran puesto todas las etiquetas y comparaciones que se le pusieron a Jesé, su carrera no nos parecería tan mala. No ha triunfado de la manera en que se esperaba que lo hiciera, pero ha ganado dos Champions League con el Real Madrid, un Mundialito de Clubes, una Supercopa de Europa, ligas, Copa del Rey... ¿Cuántos jugadores pagarían por tener una carrera así?

Y en el Barça pasa lo mismo. Desde que Messi está en el Barça he contado ocho nuevos Messi. El primero que recuerdo fue Gai Assulin, un jugador nacido en Israel a quien desde pequeño ya le pusieron esa etiqueta. Antes había sido Bojan Krkić, al que también martirizaron comparándolo con el astro argentino y creando una rivalidad para ver si podía destronarlo. Más tarde fue Ansu Fati, y todos los demás han tenido que soportar esa etiqueta y presión de los medios y de los fans.

Todos hemos visto lo que han hecho Messi y

Cristiano en la historia del fútbol y sabemos que es algo muy difícil de repetir, porque son muchos años aguantando en la cima con unos números completamente surrealistas. No es lo normal. En la carrera de la mayoría de los jugadores siempre hay altibajos, temporadas en las que no consiguen rendir al máximo nivel y son un jugador más, y otras en las que parecen ser jugadores de otra galaxia. Messi y Cristiano nunca tuvieron altibajos, cada temporada era mejor que la anterior. Esto no es lo normal.

Conscientes de todo esto, por una jugada de un niño de dieciséis años o varios partidos en la élite de un chico de dieciocho años rindiendo al nivel de Messi o Cristiano no tiene sentido que le pongan esa etiqueta. Cualquier jugador es capaz de hacer un partido como estas dos leyendas, pero lo difícil es mantenerse a ese mismo nivel durante más de dos o tres temporadas. Solo entonces podremos fantasear con que ese chico tal vez sea el nuevo Messi o Cristiano.

Tampoco me parece justo que cuando alguien como Mbappé, Vinícius Júnior o Lamine Yamal consigue emular y hacer los números o jugadas que hacían Messi o Cristiano, ya se los compare con ellos. Ellos no tienen que ser eso, tienen que hacer historia con sus nombres, no con los de otros.

Por no hablar de lo que sufren los hijos de leyendas de este calibre. Cuando hacen un gol o una jugada especial en las categorías inferiores del equipo en el que fue leyenda su padre, ya los comparan con ellos y fantasean con que serán su reencarnación. Muchas veces hablamos de niños de ocho o diez años.

Intento hacer memoria, pero no recuerdo ningún hijo de alguna de estas leyendas que haya conseguido igualar o por lo menos hacer una carrera con números similares a los que tuvieron sus padres. Hay quien piensa que la calidad dentro del campo forma parte de la herencia genética que reciben de sus padres, y no es así. Además, cuando sus padres obtuvieron sus logros dentro del mundo del fútbol, no recibían la presión de nadie que les dijera en quién tenían que convertirse. Tan solo jugaron al fútbol para ser los mejores y demostraron de lo que eran capaces, pero sus hijos ya empiezan a jugar bajo la mirada de quienes solo están pensando en si van a ser iguales que sus padres.

Cuando Cristiano Júnior (hijo de Cristiano Ronaldo) debutó con la selección sub-15 de Portugal, todos los fans del fútbol, sobre todo los llamados «bicholovers» (fans incondicionales de Cristiano Ronaldo), estaban pendientes de ese partido, y cuando marcó y celebró con el ya famosísimo «SIUUUU» que siempre había hecho su padre, la gente se volvió loca y las redes sociales solo hablaban de eso.

Pero estas publicaciones también se llenaron de comentarios diciendo que solo había sido convocado por ser hijo de Cristiano, y cuando aparecía una jugada en la que fallaba todos los *haters* se reían de él con mensajes en los que decían que jamás sería como su padre... A decir verdad, creo que yo no sería capaz de intentar ser futbolista si fuera hijo de una leyenda como estos niños.

Cristiano Júnior tiene quince años solo y ya debe aguantar la misma presión mediática y social que soportan Mbappé o Haaland. Es una locura. No deja de ser un chico que todavía tiene mucho camino por delante y está por ver si algún día llega a ser un futbolista de élite. No se le puede poner tanta presión encima, porque si no lo logra el golpe mental puede ser muy fuerte.

Y si Cristiano Júnior consiguiera ser un jugador de primera división de un equipo de la zona media de la tabla, algo muy loable si pensamos en todos los jugadores que no consiguen llegar al fútbol de primer nivel, solo se comentaría que nunca llegó a ser como su padre, o que juega en primera solo por quién es su padre...

Admiro mucho que, a pesar de toda esta presión, decidan pelear por su sueño y sus objetivos haciendo caso omiso de la opinión pública, como Giuliano Simeone, hijo del mítico futbolista y entrenador del Atlético de Madrid, el Cholo Simeone, que después de dos cesiones en el Zaragoza y en el Alavés ha conseguido hacerse un hueco en el primer equipo del Atlético y llegar a ser internacional con la selección argentina.

No lo ha tenido nada fácil, porque en todo momento se lo ha acusado y se ha dicho, incluso por parte de los aficionados del mismo club, que solo jugaba porque su padre era el entrenador y que no tenía la calidad suficiente como para ser titular. Además, es muy curioso, ya que cuando tiene un par de partidos malos, como cualquier jugador, solo se comenta que no tendría que jugar y que el

Cholo solo lo pone por ser su hijo. Sin embargo, las veces en las que ha hecho un partidazo y ha marcado goles o ha dado asistencias claves, todo el mundo lo celebra olvidando por completo las cosas feas que le dijeron cuando no lo hizo bien. La hipocresía, supongo.

Me resulta muy gracioso que, conociendo al Cholo Simeone, un entrenador que vive el fútbol con locura, con una ambición que lo hace convencer a todos sus jugadores para darlo todo cuando saltan al campo y en el momento en el que alguno no está presionando al cien por cien como le gustaría a él lo cambia sin miramientos, haya gente que de verdad piense que va a alinear a un jugador solo por ser su hijo. A mi modo de ver, esto no tiene el menor sentido.

Es cierto que estos chicos tendrán más oportunidades, y seguramente muchos filiales o clubes los fichen solo porque alguno de los miembros de la dirección deportiva piense que puede atesorar algo en su fútbol de lo que tenía su padre, o porque a algún directivo del club le interese el altavoz mediático que supone tener el apellido del jugador en este equipo, más allá de su calidad futbolística, pero no debe de ser nada fácil vivir bajo la presión que supone pasarte el día oyendo y pensando en si tienes o dejas de tener oportunidades por tu apellido.

Tampoco le veo mucho sentido a esas ilusiones que se crean respecto a los hijos de estas leyendas. Intento hacer memoria y recordarlo, pero creo que no ha habido ningún hijo de un supercrac que haya conseguido tener una carrera que se parezca a una cuarta parte de lo que ha logrado su padre.

Sería interesante que algunos de estos niños hicieran su carrera de forma anónima, cambiándose el apellido o de alguna forma en la que la opinión pública no supiera quiénes son sus padres. Estoy seguro de que muchos de ellos llegarían mucho más lejos que usando el apellido de sus padres, porque no tendrían ninguna presión, nadie les exigiría parecerse a nadie, tan solo lucharían por su sueño y no estarían en casa leyendo las redes sociales y preguntándose: «¿Soy realmente bueno o solo juego por ser mi padre quien es?».

Salvando MUCHO las distancias, cuando empecé a crear contenido en las redes sociales y a centrarme en cuestiones relacionadas al mundo del fútbol, lo primero que hice fue ponerme un nombre un poco diferente del de mi padre para que no me relacionaran directamente con él, porque dentro del sector era una persona reconocida y no quería que cuando escucharan mi nombre o me entrevistaran para trabajar en algunas empresas ya estuvieran condicionados por mi apellido.

Spoiler: no me ha funcionado nunca, ni para bien ni para mal. En mi DNI siguen apareciendo mi nombre de pila y mis apellidos, y al instante los reconocen y me preguntan sobre él o alaban todo lo que ha conseguido, y probablemente alguna vez haya tenido más oportunidades que otras personas solo por lo que he mencionado antes, que alguien dentro de esa empresa considere que por ser hijo de quien soy tendré unas cualidades parecidas a las de mi padre, o porque han pensado que iban a tener ventajas exclusivas con mi padre por contratarme a mí, pero nunca lo sabré.

Pero me voy por las ramas. Volvamos al tema del capítulo. Está bien admirar y observar de cerca a las jóvenes promesas, está bien fantasear con ellas e imaginar que puedan ser cracs mundiales, pero creo que sería bueno hacerlo en *petit comité*, como decimos en Catalunya, con tu grupo de amigos con los que hablas de fútbol, tu familia... Dudo que sea bueno volcar todos esos pensamientos en las redes sociales o medios de comunicación y sobre todo en perfiles con mucha notoriedad a nivel mediático: todo esto puede llegar a los oídos del jugador y crearle una presión capaz de afectar a su rendimiento.

No creo que a Ansu Fati o a Jesé, después de haberse lesionado tantas veces y de haber sufrido todo lo que han sufrido, les haga mucha gracia encontrarse con tuits y post que les recuerdan el día en que todo el mundo pensaba que eran los nuevos Messi o Cristiano Ronaldo.

Disfrutemos de esas jóvenes promesas y dejémonos de comparaciones: ya demostrarán con el tiempo quiénes son y de lo que son capaces con su nombre, no con el de otros.

23

LA IMPORTANCIA DEL MARKETING

Uno de los momentos más polémicos y controvertidos que ha habido dentro de la industria del fútbol fue sin duda el Balón de Oro de 2024, premio que ganó Rodri por delante de Vinícius Júnior.

Será muy difícil olvidar ese Balón de Oro en el que todo el mundo daba por hecho que Vinícius Júnior sería el ganador. El brasileño venía de hacer una temporada increíble habiendo sido decisivo en las rondas finales para la consecución de la Champions League en el Real Madrid, mientras que Rodri venía de ganar la Premier League, la Supercopa de Europa y el Mundialito de clubes, y había sido la pieza clave del Manchester City, además de ganar la Eurocopa con la selección española.

Lo cierto es que, viendo la temporada de ambos jugadores, los dos podrían haber sido galardonados como mejor jugador del mundo esa temporada, pero fue algo extraño, ya que no es muy habitual en este tipo de premios que el ganador sea un pivote, defensa, lateral o portero; los ganadores del trofeo suelen ser atacantes. En su momento lo ganó Modric y también nos sorprendimos todos, pero jugadores como Andrés Iniesta, Xavi, Sergio Busquets, Toni Kroos o Thibaut Courtois nunca han recibido el Balón de Oro y también lo podrían haber merecido en varias temporadas. No hay que olvidar tampoco que tuvieron la mala suerte de coincidir en su momento de plenitud con Cristiano Ronaldo y Leo Messi, y eso no los ayudó demasiado.

¿Cuál fue el factor clave para que Rodri ganara ese Balón de Oro por delante de Vinícius Júnior? El marketing. Sí, amigos, por mucho que les duela a muchos, el marketing juega un papel clave dentro de la industria del fútbol. En un mundo ideal nos encantaría que en los premios individuales la única cosa que se tuviera en cuenta fuera lo que han demostrado esos jugadores dentro del terreno de juego, pero no es así.

El Balón de Oro es un premio en el que los jueces son periodistas de todo el mundo y muchas veces la persona elegida para votar de un país concreto no es la más experta. Aquí es donde el marketing de los futbolistas juega un papel clave.

Por mucho que a algunos seguidores del Real Madrid les cueste aceptar eso, la realidad es que Vinícius Júnior le cae mal a mucha gente del mundo del fútbol. Su actitud dentro del terreno de juego con los rivales, su comportamiento o algunas acciones que hace en el campo no gustan, y si al periodista de China solo le han llegado las acciones en las que Vinícius Júnior se ha encarado con un rival sin tener razón, o le ha desplazado el balón a Kimmich con gestos irrespetuosos, o ha mirado a la afición y se ha tocado el parche de las 15 Champions del

Real Madrid con una mirada de soberbia, pues probablemente ese periodista mire la lista y elija al segundo favorito en lugar de Vinícius Júnior, porque, además, esa vez el segundo favorito era Rodri, un jugador elegante y muy alejado de cualquier polémica, sin redes sociales ni declaraciones controvertidas y con muchos títulos colectivos esa temporada que lo respaldaban para ser candidato.

Con esto no quiero decir que yo esté a favor de que se eligiera de esa forma el Balón de Oro. De hecho, a mi parecer el merecedor de ese premio en 2024 era Vinícius Júnior, porque para mí fue el jugador más diferencial y espectacular de ver esa temporada, pero así es como funcionan este deporte y este tipo de premios.

En 2022, por ejemplo, yo no le habría dado el Balón de Oro a Karim Benzema, porque considero que esa temporada el jugador más decisivo en el Real Madrid, y clave en todos los títulos que ganaron, fue Thibaut Courtois, pero ya sabemos lo difícil que es que un portero gane este tipo de premios. En 2023, yo no le habría dado ese Balón de Oro a Messi ni tampoco a Haaland: quien se lo merecía ese año era Rodri. Pese a la barbaridad de goles que metió el noruego, creo que el jugador más decisivo fue el pivote español.

Por eso me hace mucha gracia ver a jugadores, medios de comunicación o aficionados indignados cuando el Balón de Oro lo recibe otro jugador que no es el que ellos querrían, porque el funcionamiento de este premio no es ningún secreto, todo el mundo sabe que al ganador lo eligen periodistas de todo el mundo, y la opinión pública y el marketing son factores claves muchas veces. Entonces, si tu único objetivo en tu carrera como futbolista profesional es ganar un Balón de Oro, deberás tener en cuenta todos estos factores y prepararte con tu equipo de trabajo para que futbolísticamente seas el mejor y que tu imagen sea lo más limpia posible para evitar que un periodista de Angola o de Canadá vote en tu contra.

Estoy seguro de que, si el objetivo prioritario de Vinícius Júnior hubiera sido ganar el Balón de Oro, él y su equipo de asesores habrían trabajado esos aspectos de imagen, y es muy probable que hubiera sido el ganador porque en el plano futbolístico creo que no había debate, pero no fue así.

Es muy curioso el papel que juega el marketing personal dentro de esta industria. Existe una línea muy fina en el terreno de la soberbia. Si la cruzas, en apenas un segundo puedes pasar de ser un jefazo a ser un flipado y caerle mal a todo el mundo. Fíjate en Cristiano Ronaldo. Sus declaraciones y acciones dentro y fuera del terreno de juego no eran muy diferentes de las de Vinícius Júnior. Sin embargo, la imagen de Cristiano Ronaldo se ha asociado siempre con la ambición, con luchar por ser el mejor y hacerse cargo de dejarle claro al mundo que lo es. No iba con medias tintas ni respuestas con falsa humildad del tipo «es difícil ser el mejor del mundo, los otros jugadores también son muy buenos», no, a Cristiano le preguntaban quién era el mejor jugador del mundo y te decía: «Para mí, el mejor jugador del mundo soy yo».

Esa seguridad en sí mismo que transmitía en las entrevistas y dentro del terreno de juego conectaba con muchos fans del mundo del fútbol y hacía temblar a aquellos a quienes no gustaba tanto, porque nunca se daba por muerto. Y no tengo la certeza absoluta, pero muy probablemente esa actitud y ese comportamiento con los medios de comunicación, fans y rivales lo ayudaban mentalmente para intentar ser mejor cada temporada. Su aspecto físico, la manera de llevar el cuerpo al límite, su elegancia fuera del terreno de juego, las declaraciones diciendo que era el más guapo..., todo eso, aunque algunos lo vieran como soberbia, formaba parte de su marketing, y muchos fans del fútbol que tal vez en su vida privada o laboral eran inseguros o no confiaban en ellos mismos cambiaban gracias a la personalidad de Cristiano Ronaldo, que les hacía creer que eran capaces de todo. Eso es marketing puro.

Yo soy «messista» de cuna y para mí Messi siempre ha sido y será el mejor jugador de la historia. Por eso siempre he admirado esa actitud de Cristiano Ronaldo. Pese a que gran parte de la opinión pública creyera que Messi era mejor que él, nunca dejó de luchar ni cambió su actitud dentro y fuera del campo. Cualquier otro jugador a quien le hubiera tocado pelear contra Messi durante tantos años para ser el mejor del mundo habría tirado la toalla o no habría sido capaz de tener esa personalidad y ambición que tuvo. Por supuesto que muchas veces lo oía hablar o le veía hacer gestos que me hacían pensar «menudo imbécil» o «pero qué dice este flipado». Pero al final, cada temporada sus números competían con los de Messi y conseguía estar a la altura del que para mí es y será el mejor de la historia.

Haber coincidido con Messi y aun así ganar cinco Balones de Oro es algo digno de admirar, seas del equipo que seas, ames a Messi o no.

Por otro lado, tenemos el marketing de un jugador como Leo Messi. Aunque mucha gente diga que todo lo que ha ganado el astro argentino se ha debido solo a la calidad demostrada dentro de los terrenos de juego, su actitud fuera del campo también ha jugado un papel clave.

Cuando Messi estaba en su plenitud como futbolista y nos sorprendía cada fin de semana con jugadas y acciones inimaginables, era una persona muy difícil de odiar, y eso que la caverna mediática se esforzaba una y otra vez en intentar hacerle creer a la gente que era una persona terrible. Y eso en gran parte es mérito de quienes lo asesoraban. Messi hablaba dentro del campo con goles y asistencias. Cuando el mundo hablaba de él, solo lo hacía para hablar de las cosas que hacía en el terreno de juego, muy pocas veces se creaban polémicas sobre sus declaraciones o palabras en los medios de comunicación.

Ese equipo que lo asesoró supo detectar que Messi no necesitaba darse a conocer en programas de televisión ni entrevistas, solo necesitaba hacer lo que hacía con el balón. A veces, saber pasar desapercibido es una ventaja. Como no se mojaba públicamente ni hacía declaraciones controvertidas, era muy difícil odiarle o echarle algo en cara y dentro del campo también conseguía no ser protagonista de acciones polémicas, aunque como es normal no siempre actuaba de la forma correcta.

Pero Messi fue evolucionando, y seguramente a medida que pasaba el tiempo le importaba menos esa imagen de «chico perfecto» y hacía más entrevistas con respuestas menos correctas, o tenía actitudes conflictivas en el terreno de juego. Esto es normal cuando llevas toda tu carrera tratando de evitar cualquier confrontación en público. Cuando le preguntaban por otros jugadores o acciones del juego polémicas buscando esa salida de tono del jugador, no entraba en el juego y salía con las respuestas que vienen en el ABC del futbolista y la prensa. Como ya he dicho, estoy hablando del Messi joven que se estaba convirtiendo en el mejor jugador del mundo, con los años ya hemos visto entrevistas y declaraciones del astro argentino menos «políticamente correctas».

En las giras de los clubes se puede ver también la importancia del marketing de los jugadores. Al principio los países pagaban para que Barça, Madrid, Chelsea o Manchester United jugaran partidos de pretemporada en sus localidades sin importar los jugadores que viajaran a estos enfrentamientos. Ahora, ya aparece en las cláusulas de estos acuerdos la obligación de que ciertos jugadores de renombre se desplacen también para esos partidos, y los grandes clubes tiemblan cuando alguno de sus emblemas para el marketing internacional se lesiona y no se puede desplazar porque puede influir en el dinero que perciban por jugar esos partidos.

Ya lo he mencionado en otros capítulos, y para bien o para mal es una realidad: el fútbol hace ya tiempo que no es solo un deporte, también es un negocio y en este negocio tienen mucha influencia aquellos jugadores que consiguen conectar con la audiencia y los fans porque venden camisetas, son referentes para mucha gente y, lo más importante para los altos cargos que controlan el fútbol, hacen que los aficionados paguen por ver cada fin de semana un partido, ya sea en el estadio o en su casa.

Por eso, cada vez que aparece un Lamine Yamal, Mbappé o Haaland y la gente se vuelve completamente loca por estos perfiles, se intenta promocionar o ayudar para que estos se conviertan en los líderes de este deporte.

Fíjate en la cantidad de clásicos que se jugaron durante esa época, era una locura, incluso en Champions casi se da una final Barça versus Madrid y Cristiano versus Messi. Ahí se habría parado el mundo. El que quiera creer en conspiraciones...

Recordad las horas en las que se jugaban estos partidos también: había (y aún hay) clásicos que se jugaban a las cuatro de la tarde solo para que en el resto del mundo fuera una hora decente y esos países pagaran por tener los derechos de esos partidos.

Y por si a algún aficionado esa cantidad de clásicos le parecían pocos, ahora ya se encargan de que en cada gira de verano en países como Estados Unidos, Japón o México haya un clásico de pretemporada.

Y ahora pasa lo mismo, Cristiano Ronaldo y Messi se fueron de LALIGA y la competición de fútbol español perdió mucho interés a nivel mundial. Sí, en nuestro país se seguía viendo, pero era más complicado que otros países del mundo se interesaran en la competición sin las dos leyendas. Por eso ahora da la impresión de que por todos lados nos están intentando colocar ya la nueva rivalidad del futuro, Mbappé versus Lamine Yamal. Ya veremos qué pasa...

Otro ejemplo fue el nuevo Mundial de clubes en el que todos los equipos tenían que clasificarse según el rendimiento que habían tenido en los últimos años. Sin embargo, la FIFA decidió invitar al Inter de Miami, según dicen, por haber ganado la Supporters' Shield de la MLS 2024, que no es ni el título de campeón de liga de la temporada, sino el trofeo que gana el equipo que ha conseguido más puntos en la temporada regular, no el que luego gana los *playoffs* y se proclama campeón de la MLS.

No soy ningún experto ni creo mucho en las conspiraciones, pero parece bastante obvio que había un fuerte interés por parte de la FIFA por tener a Leo Messi en ese Mundial de clubes, ya que el simple hecho de que Messi juegue esa competición reporta mucha más audiencia a nivel internacional. Además, de esta forma puedes enganchar también a los fans del Barça que no iban a seguir el Mundial porque no estaba su equipo pero, al estar Messi, puede que sí vean los partidos del Inter de Miami.

Como «messilover» me parece bien, cualquier excusa para ver a Messi competir contra los más grandes y tener la opción de ver alguna de sus jugadas imposibles me parece buena, pero hay que ser conscientes de que con el tiempo el fútbol se ha convertido en un negocio, que además busca entretener a los fans.

Creo que a ninguno de nosotros nos parece mal que en pleno mes de junio en un año en el que no hay ni Mundial, ni Eurocopa, ni Copa América ni ningún partido de fútbol importante se hayan inventado una competición en la que juegan los mejores clubes de todo el mundo. Somos marionetas a merced de todos los estamentos del fútbol. Pero, oye, si ser su marioneta hace que pueda ver cada cuatro años unos partidos de los mejores, por supuesto que me parece bien.

A lo mejor ya no recuerdas lo aburridos y soporíferos que eran esos amistosos de selecciones en mitad de la temporada. Pues entonces se sacaron de la manga la UEFA Nations League para darle sentido a esos partidos, y el año pasado todos los españoles nos enganchamos a los enfrentamientos de la selección para ver si ganábamos ese trofeo.

Tengo asumido que los grandes estamentos del fútbol nos controlan, pero no me molesta porque este deporte me encanta y apoyo cualquier iniciativa que ayude a hacerlo más entretenido o darle más vidilla, aunque, eso sí, sin cruzar ciertas líneas.

Muchos futbolistas se quejan y protestan por la cantidad de partidos que tienen que jugar cada temporada y las lesiones subsiguientes. Tienen razón. Los equipos deberían hacer plantillas más amplias y eso puede traducirse en que aparezcan y destaquen más jugadores, lo cual no me parece del todo mal.

24

EL VAR: ¿A FAVOR O EN CONTRA?

En 2018, llegó a nuestro querido deporte el VAR (Video Assistant Referee), una nueva herramienta que venía a cambiar el fútbol tal y como lo conocíamos y que además llevaba un nombre que incentivaba las bromas de los tíos cuñados en las cenas de Navidad por el juego de palabras entre VAR y BAR.

Durante toda la historia de este deporte habíamos asumido que los partidos eran once futbolistas contra otros once y un árbitro, juez, llámalo como quieras, que decidía sobre las acciones que sucedían en el terreno de juego, ayudado por dos jueces de línea y un cuarto árbitro. Como es normal, estas personas cometen errores y a veces no veían acciones o las señalaban de forma errónea, lo cual siempre provocaba el enfado brutal del equipo que había sido penalizado por ese error y de sus aficionados.

Además, muchas veces, dado que las decisiones podían ser ambiguas y se entendía que el colegiado podía equivocarse, se daban casos de corrupción, compra de árbitros y trapicheos varios. También hay que ser honesto y reconocer que algunos equipos y medios de comunicación se excedían en esas quejas y aprovechaban cualquier error arbitral para justificar su derrota y quitar el foco del mal partido que había hecho su equipo.

Dada la evolución del deporte y de la tecnología dentro de la sociedad, la gente no podía entender que se siguieran aceptando estos errores y que no se actuara con alguna herramienta digital capaz de ayudar al árbitro a ver esas jugadas controvertidas, ya que el árbitro es un ser humano, no un robot, y hay muchas cosas que se le pueden escapar durante un partido. Además, en ligas de otros deportes como la NBA ya se utilizaban instrumentos de alta tecnología para facilitar el trabajo de los árbitros.

Fue entonces cuando nació el VAR, una herramienta controlada por un equipo de tres personas, que permite avisar a los árbitros de campo cuando se les escapan alguna entrada merecedora de tarjeta roja, un fuera de juego, un penalti...

El primer año en que se aplicó el VAR fue un completo caos. En cada revisión se perdían muchísimos minutos, los árbitros muchas veces no lo aplicaban de forma correcta y algunos clubes pedían que se eliminara esta herramienta. Hubo una corriente de gente que consideraba que el VAR iba a cargarse el fútbol, porque decían que era una tontería parar los partidos en cada jugada y que el fútbol no tenía que ser perfecto, era normal que tuviera errores. Eso sí, esas mismas personas se indignaban con cada equivocación del árbitro en contra de sus equipos y creían en conspiraciones para justificar esos errores.

Sin embargo, a medida que pasa el tiempo, hemos aprendido a convivir con el VAR y ahora nos parece difícil recordar cómo era el fútbol antes de que el videoarbitraje apareciera en nuestra vida, porque cada vez que el rival le marca un gol a nuestro equipo y resulta que el delantero estaba en fuera de juego respiramos tranquilos: sabemos que el VAR avisará al colegiado, se revisará la jugada y al final se anulará el gol.

De la misma forma que hubo gente que tomó partido en contra de esta herramienta, también hubo mucha otra que desde el primer momento aplaudió este cambio para el fútbol e incurrió en el error de pensar que ya no volvería a haber errores en los partidos y podría estar tranquila si el árbitro se equivocaba porque el VAR lo corregiría y ya no habría más acciones controvertidas o capaces de generar dudas.

Evidentemente no fue así, como es normal. Con el fin de favorecer el ritmo de los partidos, la utilización del videoarbitraje se limitó. Ya no se revisaba cada jugada, solo podían avisar al árbitro de campo cuando la jugada era una acción de posible cartulina roja, un penalti, una agresión o un fuera de juego; es decir, momentos puntuales que se consideraban decisivos y, por tanto, objeto de revisión. Así que había muchos menos errores arbitrales decisivos en los partidos, pero los pequeños detalles como un córner mal señalado o una falta que no debía ser pitada no se revisaban en el VAR.

Si me preguntan, soy de los partidarios de esta herramienta, creo que ha cambiado el fútbol por completo y ha ayudado a que sea más «legal» y tenga menos errores. Ahora es mucho más difícil pensar o creer en corruptelas teniendo en cuenta que cada jugada se revisa y se mira con lupa para evitar polémicas. Por supuesto que algunos árbitros aún cometen errores muy graves en los que muchas veces no se ha utilizado bien el VAR, de modo que se incurre en descuidos a la postre decisivos, pero me parece normal, porque a fin de cuentas esta herramienta no deja de ser algo controlado por personas y errar es humano.

Entiendo que haya quien se queje de que a veces se tarda demasiado en tomar las decisiones por culpa del VAR. «¿Hace falta mirar tantas veces esta jugada para saber si ha sido mano o no?», te preguntas. Pero lo entiendo: son jugadas clave que van a marcar un partido, y el árbitro tiene mucha presión a la hora de dar según qué sentencias.

Además, en las grandes competiciones apareció el fuera de juego semiautomático, que sirve para comprobar si una jugada ha sido fuera de juego o no mediante unas cámaras que lo detectan al instante, de modo que el ojo del ser humano no tenga que decidir si está en posición correcta o no. En mi opinión, la puesta en escena del fuera de juego semiautomático obliga a cambiar un poco la norma: a veces se anulan goles porque la punta del pie de un jugador está en posición incorrecta. Creo que habría que ser menos puntilloso y dejar unos centímetros más de margen. Esto ayudaría a que se anularan menos goles y el juego fuera más fluido.

Otra herramienta que se ha desarrollado en los últimos años y me fascina es la que detecta si el balón ha entrado en la portería en su totalidad o no. Me parece increíble, pues de forma instantánea avisa al árbitro con un reloj que tienen conectado y le dice si ha sido gol o no. Es una locura.

Como digo, estoy a favor del VAR: era una evolución necesaria y gracias a su aparición se cometen muchos menos errores. Aún tiene margen de mejora en algunos aspectos y pienso que no tendría que limitarse a ciertas jugadas X. Si ha habido una jugada que termina en gol después de un córner que no lo era, o de una falta inexistente, por mucho que la norma diga que ese tipo de acciones no se pueden revisar, el árbitro debería hacerlo si considera que la acción ha sido clave para que luego haya gol.

Tampoco entiendo que no se revisen las segundas tarjetas amarillas, porque la norma solo permite revisar la acción si era una entrada o agresión de roja directa. Si un jugador tiene amarilla y ha hecho una falta que implica segunda tarjeta, por tanto, roja, el árbitro debería revisarlo y cambiar su decisión. Tarde o temprano habrá que cambiar esto.

Otra cosa que se me escapa es la norma de las manos, me vuelve completamente loco la manera de dilucidar cuándo una jugada es mano o no. En este aspecto estoy totalmente perdido, y no creo que sea el único. Espero que con el tiempo nos repartan a todos los aficionados del fútbol un manual o librito de instrucciones para entender cuándo un árbitro tiene que señalar una mano y por qué. Estoy un poco cansado de que me digan que si está en posición natural, que si se está apoyando o no... Me gustaría que fueran más claros y saber desde el principio si el árbitro ha señalado bien o no una mano dentro del área. Al final se tendrán que inventar un VAR solo para revisar las manos...

El VAR no es ni será perfecto, pero hay que tener en cuenta que llevamos ocho años conviviendo con él, todavía le queda mucho recorrido y las normas del fútbol avanzarán para que podamos disfrutar más de este deporte. Dentro de muchos años recordaremos todos estos errores y momentos que nos ha dado el VAR como anécdotas del tipo: «¿Te acuerdas de cuando se tiraban media hora para ver si una jugada era mano o no? Qué locura».

El que quiera creer en corrupciones o conspiraciones cada vez que su equipo pierda, lo hará tanto si hay VAR como si no, y eso no va a cambiar.

Tengo mucha curiosidad por ver cómo avanzará el fútbol con la tecnología aplicada al deporte, porque cada vez que aparece una novedad me parece más increíble todavía. Estoy seguro de que vendrán muchos adelantos que nos dejarán boquiabiertos y provocarán el revuelo de todos los fans del fútbol. Lo espero con ganas.

Cuando pienso en estas cosas, me viene siempre a la cabeza el mítico anuncio de Nike, que todos hemos visto quinientas veces como mínimo, «The Last Game», donde Ibrahimović, Cristiano Ronaldo, Neymar, Wayne Rooney y muchos jugadores más eran sustituidos por robots, creados por un señor que muy bien podría ser Elon Musk, que no cometían errores y lo hacían todo a la perfección. No creo que lleguemos nunca a ese extremo, pero quién sabe si algún día miraremos al juez de línea y veremos a un robot con un banderín... ¡Yo ya me lo creo todo!

Pase lo que pase, el anuncio terminaba con la victoria de los futbolistas humanos sobre los robots, de modo que el fútbol volvía a ser lo que fue antes. Podemos, pues, estar tranquilos porque, por mucho que aparezcan «flipadetes» dentro del deporte con nuevos inventos y avances, al final siempre volveremos a lo que hizo grande este deporte.

25

EL ARTE DE PERDER TIEMPO

Poco a poco nos acercamos al final de este libro, en el que hemos hablado de muchos de los asuntos de debate que giran alrededor del mundo del fútbol. Aún no habíamos abordado las pérdidas de tiempo durante los partidos, asunto que ha generado mucha polémica en los últimos años cuando se habla del tiempo efectivo de juego.

Recuerdo una rueda de prensa en la que Xavi, como entrenador del Barça, sostenía que el fútbol necesitaba un cambio en ese aspecto y que los partidos debían empezar a jugarse a reloj parado, es decir, que en cada acción en la que el árbitro señalase algo hubiera que parar el crono para evitar que los equipos aprovecharan esos momentos para perder tiempo.

De hecho, el año en que se disputó el Mundial de Catar se empezó a contar en las grandes competiciones cada segundo que se perdía a lo largo del partido y, una vez pasados los cuarenta y cinco minutos de cada parte, podíamos ver tiempos añadidos de hasta quince minutos, una barbaridad. No funcionó, había muchas opiniones diferentes, aficionados que se quejaban de que los partidos se hacían demasiado largos, otros que decían que ya estaba bien porque así los equipos dejaban de utilizar las pérdidas de tiempo como estrategia, y los jugadores y entrenadores que protestaban, ya que con ese cambio jugaban muchos más minutos y se ponía en riesgo su físico jugando partidos de liga que llegaban a los ciento veinte minutos sumando los dos descuentos que se añadían en cada parte.

Como aficionado de un equipo grande, evidentemente me pongo de los nervios y me sacan de mis casillas todos los partidos en los que mi equipo juega contra otro más pequeño, el partido va empatado y parece que cada jugada se hace eterna porque en cada entrada el rival se pasa dos minutos tirado en el suelo perdiendo tiempo e intentando rascar el máximo de segundos posibles para que no se juegue demasiado.

Sin embargo, y tal vez por la influencia de los años en los que seguí todos los partidos del Sabadell, me parece que eso forma parte del juego. Creo que esa picaresca que aparece en algunos partidos no tiene que desaparecer.

Recuerdo la llegada de José Bordalás al Getafe. Cada partido en que el Barça jugaba en el Coliseum Alfonso Pérez era una tortura. Había protestas en cada acción, patadas desmedidas, saques de puerta infinitos..., un sinfín de jugadas perfectamente estudiadas y preparadas para perder el máximo de tiempo y sacar de quicio al rival con la finalidad de rascar algún punto de partidos en los que si se hubiera jugado de otro modo habría sido imposible.

Al principio lo veía con indignación y seguramente diez años antes habría estado muy de acuerdo con la opinión de Xavi. Pero a medida que pasan los años y he seguido otros partidos y equipos, he comprendido que es algo normal.

Pienso que si realmente existe la intención de que esto cambie con el tiempo, que los equipos pequeños pierdan menos tiempo en los partidos contra los grandes y los partidos sean más fluidos, lo primero que habría que hacer es repartir de una forma más justa los ingresos televisivos para que todos los equipos pudieran hacer plantillas competitivas y jugar de tú a tú contra cualquier rival.

Desde la posición del equipo grande, es muy fácil protestar por las pérdidas de tiempo, pero habría que ponerse también en la piel de la persona que entrena a una plantilla valorada en cuarenta millones de euros y que en el mercado de fichajes ha gastado entre cero y diez millones de euros haciendo malabares con fichajes a coste cero, cesiones e intercambios varios. No se puede pretender que ese equipo juegue de la misma forma o intente competir jugando con un estilo de juego muy vistoso contra una plantilla valorada en mil millones de euros y con fichajes que pueden llegar a los cien millones de euros cada temporada.

Con esto no quiero decir que no se pueda intentar jugarle de tú a tú a un Barça o Madrid con estas plantillas, pero la mayoría de las veces en las que estos equipos lo han intentado han salido de ese partido con una goleada en contra o una derrota extremadamente abultada, y ojo, también se han dado muchos casos en los que David ha vencido a Goliat, pero no es lo habitual.

Recuerdo las declaraciones en las que Piqué proponía una idea rompedora para acabar con estas pérdidas de tiempo y hacer que los partidos fueran más fluidos: aplicar por norma que, en caso de empate a cero, los dos equipos reciban cero puntos. De este modo, el partido se abriría más.

Es una buena idea, aunque la considero un poco hipócrita, pues no tiene en cuenta lo difícil que a muchos equipos pequeños les resulta competir con los grandes.

El gran problema, insisto, es el reparto económico. Si nos fijamos en la Premier League, para muchos la mejor liga del mundo, todos pueden competir contra todos. Es evidente que hay grandes diferencias económicas entre plantillas como las del Chelsea o el Manchester City y la de un recién ascendido como el Sunderland, pero el equipo que acaba de subir a la Premier League obtiene unos ingresos de, según un informe realizado por la BBC, 260 millones de euros. Es una salvajada, una suma mayor incluso que la de ganar una Champions League.

Con esos ingresos no hay excusa, puedes confeccionar una plantilla supercompetitiva y plantarle cara a cualquier rival. Habrá momentos en los que por las circunstancias del partido los equipos pierdan tiempo, pero esto es habitual en las competiciones más grandes y entre los mejores equipos del mundo. Lo que dejaría de pasar de forma sistemática son esos planteamientos de rascar hasta el último segundo porque con plantillas mucho más competitivas los equipos serán más ambiciosos y podrán arriesgar más en todos los partidos.

Siempre habrá entrenadores con estilos de juego más defensivos y enfocados en este tipo de jugarretas, pero creo que la cosa cambiaría mucho.

Más allá de esto, también creo que una de las cosas que hacen que los partidos de la Premier League sean más fluidos y entretenidos es la continuidad que le da el árbitro al juego. Son mucho más permisivos; para que se pite una falta y se corte el juego el contacto tiene que haber sido muy claro, y esto ayuda a que no haya parones constantes ni «faltitas» que solo sirven para frenar el ritmo del partido.

A veces tengo la sensación de que en España se premia la picaresca cuando un defensa o un delantero se tira al suelo y provoca una falta en la que el contacto es mínimo. Oyes al comentarista decir: «Cómo se notan los años de experiencia de este jugador, qué bien se ha tirado para provocar la falta del rival».

En este aspecto sí creo que tendrían que cambiar las normas y ser un poco más permisivas, porque realmente daría más ritmo a los partidos y terminaría con esas pérdidas de tiempo tan molestas. Los jugadores se tirarían menos porque sabrían que el árbitro no les va a pitar cualquier acción o contacto que no sea muy claro.

Otra posible norma sería que los saques de puerta no se puedan retrasar más de equis segundos, y en caso de que se superen, el portero quede amonestado. Esto solo se hace cuando el árbitro considera que se está excediendo. Si se estipulara que el saque debe hacerse en un margen de unos segundos ya determinados por el reglamento, este ya no dependerá tanto de lo permisivo que sea el árbitro de ese partido. Estos retoques no serían demasiado grandes y creo que redundarían en beneficio del espectador.

Cabe hablar también de las supuestas lesiones en los últimos minutos del partido cuando un equipo va ganando. En la MLS querían aplicar una norma según la cual, si el jugador estaba más de equis segundos en el suelo por un golpe y la entrada no había sido lo suficientemente brusca, el jugador tendría que esperar durante determinado tiempo antes de entrar en el terreno de juego. De este modo, los equipos pueden utilizar estas estrategias para ganar tiempo, pero siendo conscientes de que perderán a un jugador de campo durante un período de tiempo determinado.

«El arte de perder tiempo» seguirá existiendo siempre en el fútbol, pues, como se dice, «hecha la ley, hecha la trampa». Pongas las normas que pongas, en el fútbol siempre habrá algún entrenador que encuentre la manera de rascar algunos segundos de más en cada partido, pero estoy seguro de que con algunas pequeñas modificaciones se pueden hacer grandes cambios que beneficien el ritmo de juego de los partidos y, por ende, al espectador.

Recuerdo una temporada en la que la prensa de Inglaterra le reprochaba a Mikel Arteta que en todos los partidos había un momento concreto en que David Raya, portero del Arsenal, pedía que entraran los servicios médicos por una supuesta lesión, y entonces Arteta aprovechaba para dar indicaciones a sus jugadores y tener un «tiempo muerto». Nunca se sabrá si era verdad o no, pero nos demuestra que siempre se pueden hacer pillerías para rascar unos segundos y beneficiar a tu equipo durante los partidos.

En la Segunda B, cuando mi padre era presidente del Sabadell, siempre que jugabas fuera de casa y el equipo local iba ganando, desaparecían mágicamente todos los recogepelotas, no quedaba ni uno y en cada balón que se iba un poco lejos de la zona en la que sucedía la acción se perdían muchos segundos que beneficiaban al equipo que iba ganando, y lo hacían todos los equipos de la categoría (a excepción de los filiales). Esa práctica estaba normalizada. Cuando te lo hacían te querías morir, pero sabías que en otros partidos lo ibas a hacer tú, así que agachabas la cabeza, gritabas cuatro insultos al aire y aceptabas que tenía que pasar.

El fútbol tiene estas cosas y las seguirá teniendo, está bien que no todos los partidos sean iguales y exista esa picaresca de algunos equipos que quieren vencer a Goliat, siempre con unos límites y aplicando algunas de las modificaciones que he propuesto.

De hecho, es muy probable que cuando leas este libro se hayan aplicado algunos cambios y medidas para regular las pérdidas de tiempo, porque es un debate que está siempre encima de la mesa y se intenta gestionarlo para que los equipos se quejen menos. Si volvemos la vista atrás, antes del 1992 no existía la cesión al portero y los defensas podían pasársela en cualquier jugada y que este la cogiera con las manos sin ninguna penalización. Imagina si esto pasara hoy en día. Entonces sí que se perdería tiempo de verdad.

Pero, insisto, la clave de todos estos cambios para que los partidos sean más dinámicos y entretenidos es la regulación del reparto económico que reciben los clubes por los ingresos televisivos. Creo de verdad que si algún día esto cambia en España veremos plantillas de los equipos de LALIGA mucho más competitivas y más partidos en los que los grandes estén contra las cuerdas. Además, esto ayudará a que veamos alguna que otra sorpresa en cada temporada y que incluso pueda haber un equipo campeón de liga que no sea ni Barça, ni Madrid ni Atlético, como pasaba antes.

Y para cerrar la lista de deseos, lo que ya he dicho: que los árbitros sean más permisivos y se deje jugar mucho más en los partidos, que haya menos interrupciones. De esta forma todo será más dinámico para el espectador y algunos actores de Hollywood que se dejan ver de vez en cuando en los terrenos de juego se lo pensarán dos veces antes de quedarse tirados al ver que el árbitro no les da el Oscar por su actuación señalando falta.

26

LA IRRUPCIÓN DE MENORES EN EL FÚTBOL DE ÉLITE

Como ya has leído en este libro, una de las cosas que parecen más claras es que con el paso del tiempo el fútbol no ha parado de evolucionar y avanzar. Tanto en la tecnología con nuevas herramientas impensables para cualquier fan del siglo pasado de este deporte como en el estilo de juego, normas del arbitraje y muchas cosas más.

Una de las cosas a las que nos hemos acostumbrado las nuevas generaciones es a ver a chicos de diecisiete años o dieciocho, e incluso quince, debutando en primeros equipos de las divisiones más importantes del panorama futbolístico. Como culé, todavía intento asimilar que un chico de quince años, Lamine Yamal, jugara un partido con el primer equipo del Barça, o que otro chico de dieciséis años, Pau Cubarsí, jugara tantos partidos en una posición tan complicada y que requiere tanta experiencia (defensa central) en las competiciones más importantes del mundo.

Incluso en la otra parte del mundo, en Estados Unidos, un chico de catorce años, Cavan Sullivan, llegó a debutar con el primer equipo del Philadelphia Union. Muchos le quitarán valor porque el nivel futbolístico en la MLS es mucho más bajo que en cualquier competición del fútbol europeo; aun así es una auténtica locura.

Lo más sorprendente de todo esto es el cambio que ha habido en los vestuarios de los equipos. Mario Suárez, exjugador del Atlético, y también Keita Balde, exjugador de La Masia, Lazio, Mónaco y muchos equipos más, me dijeron lo complicado que era ser un chico joven y entrenar con el primer equipo. Mario me contó en el pódcast *El After de Post United*, que cuando él estaba empezando a entrenar con el Atlético de Madrid con diecisiete o dieciocho años, se tenían que cambiar en otro vestuario, tenían que llevar los balones al entrenamiento, aunque no hubieran fallado ellos les tocaba entrar en los rondos, no podían tocar la camilla...

Tenían que mostrar el máximo respeto y tratar de pasar desapercibidos para que los veteranos no se sintieran molestos con su actitud. La experiencia de Keita Balde cuando con diecisiete años empezó a entrenar con el primer equipo de la Lazio fue muy parecida. En ese momento era un extremo muy habilidoso y en todos los entrenamientos, según decía él, le querían partir las piernas.

Evidentemente, imagino que cada jugador lo habrá vivido de una forma distinta y es muy probable que haya otros casos que no lo han experimentado de la misma manera y se han encontrado con vestuarios mucho más respetuosos. Pero la realidad es que, hace unos años, entrar en un vestuario de un primer equipo siendo un chico joven podía convertirse en un infierno y si no tenías la personalidad y el carácter para hacer frente a eso, te podían comer.

Tampoco nos hagamos los sorprendidos ahora, porque esto es algo muy habitual y ha pasado durante toda la vida en cualquier trabajo en nuestro país. Siempre que entras en una posición nueva de trabajo y eres joven, algunos compañeros te ayudarán, pero muchos otros te verán como un competidor que puede quitarles protagonismo en su puesto de trabajo y tratarán de ponerte la zancadilla para que no puedas avanzar.

Ambos me decían en el programa que les habría gustado vivir esa época siendo jugadores jóvenes en el fútbol actual, porque la realidad es que esto ha cambiado mucho, algunos considerarán que para bien y otros que para mal. Siempre estará el típico familiar mayor que cada vez que escucha a su nieto o sobrino quejarse por algún tema del trabajo soltará el típico comentario: «Tú de qué te vas a quejar, tendrías que haber trabajado en mi época, eso sí que era duro».

Ahora, en la mayoría de los equipos de primer nivel, se arropa a los canteranos, se intenta en todo momento que puedan sentirse cómodos y hay unas directrices muy claras de los altos cargos de los clubes para proteger a esos jugadores que pueden tener el potencial de ser futbolistas del máximo nivel, quieren proteger el talento que tienen en casa y no quemarlo antes de dar el gran salto. Siempre habrá excepciones y veteranos a los que les molestará la irrupción de estos niños, pero el trato ahora es muy diferente.

Se puede ver perfectamente en las celebraciones de ahora y las de antes. Cuando jugadores como Messi o Cristiano Ronaldo empezaban a destacar siendo muy jóvenes, en las celebraciones de los títulos trataban de pasar desapercibidos, no hacían cosas que pudieran llamar demasiado la atención, tal vez por esa educación y respeto que existían en ese momento con respecto a los jugadores veteranos o del primer equipo. Sin embargo, ahora ves la celebración de Lamine Yamal durante el título de liga y aparece con unas gafas de sol, bailes en el centro del campo con sus amigos del vestuario... Están mucho más liberados y pueden ser ellos mismos. También es cierto que ahora, con las redes sociales, cualquier chaval de diecisiete años que empieza a despuntar en un primer equipo no para de recibir mensajes alabándolo, vídeos en TikTok con sus mejores jugadas, publicaciones dedicadas a ellos en las cuentas más importantes del mundo del fútbol e incluso muchas veces comentarios de leyendas del deporte que aplauden el juego que exhiben en el campo.

Hay gente que considera que por cosas así se está perdiendo el respeto hacia los veteranos, que solo les va a crear problemas porque se creen los mejores ya siendo tan jóvenes; son muchas las opiniones al respecto. Entiendo que muchos exfutbolistas que han tenido que pelear muy duro para ganarse el respeto de sus compañeros mayores y pasar por todo tipo de novatadas vean a los jóvenes de hoy en día y consideren que tendrían que pasar más desapercibidos o no llamar tanto la atención.

Pero a decir verdad, si yo hubiera pasado por todo lo que tuvieron que pasar ellos en sus tiempos, me alegraría de ver que todo eso cambió y que ahora los jóvenes tienen más libertad para crecer y ser ellos mismos.

Dejando de lado todas estas opiniones sobre estas nuevas joyas del fútbol, la realidad es que estamos viviendo un cambio generacional dentro del deporte. Mientras algunas de las leyendas que han dejado huella se han ido retirando, lo han hecho entregando el relevo a jugadores muy jóvenes, y lo que más sorprende de estos chicos es que muchos de ellos tienen una madurez muy poco habitual en chicos de dieciséis, diecisiete o dieciocho años.

Hay muchos ejemplos de niños que empiezan a adquirir protagonismo en el fútbol de élite. Recuerdo un caso muy loco, el de Matthijs de Ligt, central que debutó con solo diecisiete años con el Ajax y al cumplir los dieciocho años ya ejercía de capitán de la primera plantilla de uno de los equipos más míticos de Europa. Un entrenador de la talla de Erik ten Hag, memes aparte, consideró que ese chico de dieciocho años ya tenía la madurez suficiente como para ejercer de capitán en el campo con el Ajax.

También hay que reconocer que esta nueva tendencia a apostar por los más jóvenes para darle aire fresco a los primeros equipos entraña un gran riesgo: la gestión de los menores.

En varias entrevistas a jugadores que habían debutado siendo tan pequeños, siempre les preguntaba cómo gestionaban ese protagonismo creciente con el primer equipo.

Con esto me refiero a que muchas veces el entrenador considera necesario darle un aire nuevo al equipo y concederle una oportunidad al chaval que juega en el juvenil y del que todo el mundo habla maravillas, el típico «nuevo Messi» al que nos referíamos hace unas páginas. Eso está muy bien, es bueno darles esos minutos y esa opción de ver lo que puede ser su futuro jugando contra los mejores equipos de su país. El problema está en que, cuando juegan los primeros partidos, no le temen a nada, se enfrentan a cualquier defensa del equipo rival y hacen lo que quieren porque no tienen miedo, pero es inevitable que caigan en picado al convertirse en jugadores habituales dentro del XI inicial y ya no les salgan las mismas cosas como el primer día al saber los demás jugadores por dónde irán sus acciones individuales.

Y así como el entrenador los sacó a jugar pensando que podían ayudar al equipo y darles más vida a los partidos, cuando los jugadores ya no le dan eso, muchas veces el entrenador los abandona y no piensa en cómo afectará ese cambio a los chicos de diecisiete años que por un momento se sintieron futbolistas profesionales del primer equipo. A fin de cuentas, el entrenador busca resultados, intenta que todo le vaya bien y no lo despidan por el mal rendimiento del equipo. Si ese jugador de diecisiete años ya no le aporta lo que le dio en los primeros partidos o si el jugador al que este chico sustituía se pone las pilas y recupera su mejor nivel, el entrenador aparta del equipo al chaval, con el consiguiente riesgo de convertirlo en un juguete roto.

Además, el jugador tiene que resolver muchas cuestiones propias del fútbol moderno. Aparte de las consecuencias de perder protagonismo, ahora también tiene que gestionar la presión de las redes sociales. Si el chaval empieza a jugar con asiduidad y buen rendimiento en un primer equipo con mucha notoriedad nacional o internacional, automáticamente se le disparan los seguidores en las redes sociales, todos los amigos y familiares a los que no veía desde hacía años reaparecen para felicitarlo por sus logros y retomar su relación para alardear de que lo conocen... y, cuando el entrenador decide que ya no le sirve y vuelve a jugar partidos con el filial o se marcha cedido a un equipo de talla menor, esa «fama efímera» desaparece y genera una sensación de vacío en el jugador que puede manifestarse de muchas maneras: algunos futbolistas se lo toman como un reto y tratan de darlo todo para volver a tener ese protagonismo, otros se hunden bajo toda esa presión y muchos devienen en promesas fallidas.

Por eso considero muy importante que los futbolistas aborden su salud mental a medida que crecen y avanzan en su camino hacia la élite, e intenten ir a terapia con un psicólogo que les enseñe a gestionar todo lo que viven antes de que se los coma el día a día. No quiero decir que deban renunciar a esas oportunidades tan ilusionantes, está claro que cualquier posibilidad de crecer y tener minutos en un primer equipo es buena, vuelvan o no al filial. Pero si llegan a ese momento preparados y mentalizados serán conscientes de que, por muy increíble que sea su vivencia, y así se lo transmitan los demás, en cualquier momento jugarán un partido malo y perderán las oportunidades y el apoyo social de que habían gozado hasta ese momento. Esto no implica que ahora carezcan de la calidad y el talento necesarios para llegar al fútbol de primer nivel, tan solo siguen los pasos del camino hacia el éxito. Unos lo lograrán y otros no. Pero como sucede en todos los caminos, tendrán que pasar y superar muchos baches.

Desde nuestro lado, el del espectador, solo nos queda disfrutar de ellos y tratar de quitarles cualquier tipo de presión. A veces entras en Twitter, o X, da igual cómo quieras llamarlo, y ves treintañeros talluditos atacar a chicos de diecisiete o dieciocho años por haber fallado un pase que termina en gol del equipo rival. No es normal.

Hay que entender que son jóvenes, que lo más seguro es que cometan esos errores y muchísimos más a lo largo de su carrera y que tal vez gracias a ellos mejorarán hasta convertirse en futbolistas del máximo nivel. También hay que evitar endiosarlos y que crean que su buen rendimiento los obliga a cargar con el peso de todo un equipo siendo tan jóvenes. Eso no ayuda. Es muy fácil: solo hay que disfrutar de esos momentos en los que no le tienen miedo a nada y nos sorprenden a todos con jugadas que llevábamos tiempo sin ver.

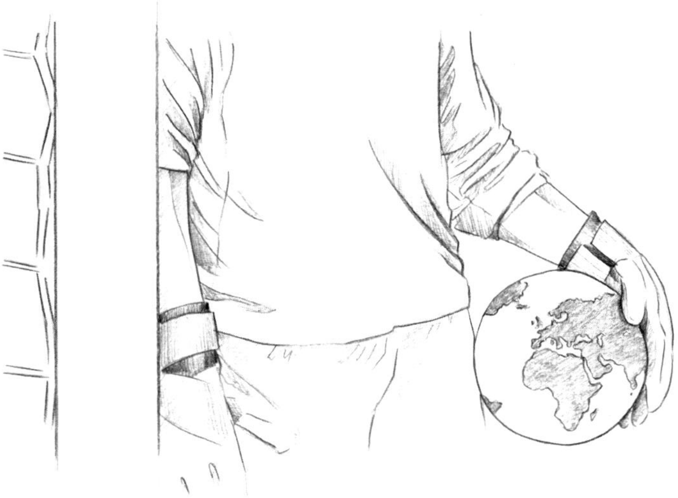

27

LA MULTICULTURALIDAD EN LA SELECCIÓN ESPAÑOLA

Cuando preparo un pódcast o una entrevista con un futbolista, suelo estar un par de días buscando información, partidos, momentos destacados, historias, cosas relacionadas con el jugador que me puedan dar temas de conversación y debate con el invitado. En casa me enseñaron que hay que aprovecharlo todo al máximo y no hay que tirar nada si todavía se le puede sacar algo de jugo. Me he aplicado esta máxima al dedillo durante los meses en que he escrito este libro. Cada guion para el programa me ha dado muchas ideas que debatir y comentar contigo.

Y eso me ha venido muy bien, porque, cuando la editorial me ofreció escribir este libro y fijó una extensión orientativa de unas doscientas páginas, me entraron sudores fríos. Todos los días, en casa y en el trabajo, le daba vueltas a la cabeza. ¿Qué podría escribir que a la gente no le pareciera un tostón, que fuera ameno y fácil de leer? Tal vez a muchos les haya parecido lo primero, pero si has llegado hasta aquí es que algo te ha enganchado, o bien porque no me tragas y quieres ver qué burrada soltaré en el próximo capítulo, o bien que los temas de debate te han parecido interesantes y te han hecho reflexionar. Cada cual lo recibirá como quiera.

Pero me disperso, como siempre. Mientras preparaba el pódcast de Assane Diao cuando era jugador del Como (al cierre de la edición de este libro, aún juega en el equipo italiano, pero, dada la calidad que tiene este chico, a saber dónde estará cuando me leas), miraba las convocatorias de las categorías inferiores de la selección española y aparecían nombres como Yarek Gasiorowski, Ilias Akhomach, Samu Aghehowa, Simo Keddari o el mismo Assane Diao. Todos jugaban con la selección de nuestro país, pero sus raíces estaban en Polonia, Marruecos, Nigeria, Argelia, Senegal...

De hecho, para no dar nombres desconocidos para el público general, basta con ver la selección absoluta: ahí tenemos a Dean Huijsen, nacido en Ámsterdam (Países Bajos); Lamine Yamal, con raíces marroquíes y ecuatoguineanas; Nico Williams, cuya ascendencia es de Ghana, o Robin Le Normand, nacido en Francia. Son muchos los ejemplos.

Esto no pasa solo en la selección española: también es muy habitual en las de Francia, Países Bajos, Alemania o Inglaterra.

Cuando estos jugadores empiezan a tener minutos con la selección absoluta, entras en X o Twitter y te aparece el típico tuit racista de *cuñao* que bromea o comenta en tono despectivo que esos jugadores no son españoles y que nuestra selección ya no es española, como lo era cuando en el XI inicial estaban Paco Jémez, Michel Salgado, Santi Cañizares...

Sin embargo, estas personas son las mismas que cuando Lamine Yamal le marca a Francia el golazo decisivo para que nuestra selección se clasifique para la final de la Eurocopa, enloquecen por completo y se olvidan de esos prejuicios contra un jugador que tiene raíces de otro país o una tonalidad de piel diferente.

Es comprensible que a mucha gente de otra generación le impacte el hecho de ver a jugadores negros vestir la camiseta de la selección, porque eso no pasaba antes. El primer caso que recuerdo fue el de Marcos Senna.

Pero hay que entender que nuestra sociedad ha avanzado y la inmigración ha aumentado de manera considerable en las últimas décadas. Cada vez hay más variedad cultural en todos los países gracias a generaciones que decidieron cambiar toda su vida para venir a España, o bien porque había guerras en sus países, o bien por la visión de un futuro mejor o por razones laborales. Tuvieron hijos e hijas aquí, echaron raíces aquí. La multiculturalidad que vemos en la selección es el fruto de esas familias.

Así pues, si han nacido o crecido en España, ¿por qué hay quien los considera menos españoles que al resto? Podrán tener una cultura o una creencia religiosa diferentes, u otro color de piel, lo que quieras, pero ¿hay alguna ley que diga que los españoles tenemos que ser de una determinada manera? Yo creo que no. Sus padres vinieron aquí en busca de una vida mejor, algunos la encontraron y otros no, pero obtuvieron la nacionalidad y crecieron aquí y, cuando han tenido que elegir entre jugar con la selección de su país de origen o del que tienen raíces y España, país en el que han crecido, la gran mayoría ha elegido vestir la camiseta de la roja. Entonces, ¿dónde está el problema?

Para serte sincero, tengo la sensación de que muchas veces nos gusta buscarle tres pies al gato y tenemos la necesidad de verle problemas a todo o encontrar alguna excusa para discutir o quitar mérito a quienes hacen grandes cosas, y eso me parece una tontería. Tenemos jugadores de Marruecos, de Francia, de Países Bajos, de Polonia, de mil sitios diferentes que han decidido jugar con nuestra selección y que encima resulta que son muy buenos y que lo dan todo en el campo para ganar cada partido. ¡Celebrémoslo!

Muchas familias tuvieron que abandonar sus hogares para ir en busca de una vida mejor, en todos los grupos de amigos tenemos a gente que no es de nuestra zona o cuyas familias son de otra localidad, pero la búsqueda de trabajo o cuestiones personales los han llevado a mudarse a otro lugar.

¿Qué más da que se llame Lamine Yamal y no Pablo Martínez? Son tonterías y prejuicios que tenemos que quitarnos de la cabeza.

También se les pone en tela de juicio cuando publican contenido o celebran algo relacionado con la cultura de su país de origen, lo cual me parece superabsurdo.

Desde mi punto de vista, esta multiculturalidad

es muy positiva y el hecho de que venga gente de otros lugares del mundo, siempre que sea con el fin de trabajar y aportar a la sociedad, beneficia a España. Siempre es bueno contar con otros puntos de vista, porque nos ayudan a aportar soluciones con las que tal vez no habríamos dado de otra manera.

Si el día de mañana un médico nacido en Chile pero nacionalizado español descubre la cura del cáncer, ¿acaso no lo vamos a celebrar? Claro que sí, y seguramente todos los medios se encargarán de que todo el mundo sepa que esa persona es española.

Pues en el fútbol ocurre lo mismo. Si la selección de nuestro deporte y entretenimiento favorito gana un Mundial gracias a los goles de unas personas que vinieron a nuestro país en busca de una vida mejor, disfrutémoslo y sintámonos privilegiados por vivir en un sitio tan maravilloso que hace que la gente de otros lugares y culturas diferentes decidan cambiar toda su vida y sus orígenes solo para disfrutar de una vida mejor aquí.

Dejemos a un lado los prejuicios y las tonterías. España no es de ningún color ni de ninguna raza, abracemos la multiculturalidad igual que lo hacemos al volver a casa a las cinco de la mañana después de un fiestón y solo pensamos en el kebab que tenemos en la esquina al lado de casa y que nos va a salvar la noche.

28

¿HABRÍAN TRIUNFADO ESTAS ESTRELLAS EN OTRAS ÉPOCAS?

Nos acercamos al final (ohhhh) del camino, después de haber debatido sobre fútbol durante todo este tiempo, tú leyéndome y yo contándote mi vida. Nuestros caminos se separan, pero antes haremos un último debate, o un *last dance*, como se dice ahora.

Si te apetece tener una cena de Nochebuena con fuegos artificiales, guerra civil en casa y gritos a tutiplén, este es el tema que tienes que sacar y que enganchará a tu tío el *cuñao* que te pregunta cuándo te vas a echar novia, a tu abuelo y a todo fanático del fútbol. Todos querrán formar parte de este debate porque es una guerra de generaciones, y todos aportarán sus opiniones.

Puedes plantear el debate de muchas maneras. Si eres una persona incendiaria y tu intención es ver a tus familiares más mayores perder los nervios y decirte absolutamente de todo, es muy fácil, te basta con decir la siguiente frase: «Si Maradona jugara al fútbol hoy en día, no sería mejor que Jadon Sancho». Aviso, este comentario puede provocar que te deshereden en el acto y acabes cenando tu amado kebab, pero en una esquina en la calle y apoyado a una farola.

En el caso de que seas una persona tranquila, que quiere un debate moderado y en el que no te ensucies demasiado las manos, lo puedes plantear de la siguiente manera: «¿Vosotros creéis que Maradona o Pelé habrían sido tan grandes de haber jugado en el fútbol de hoy en día?». Evidentemente, la respuesta automática de cualquier persona que esté en la mesa y los haya visto jugar será que sí, y entonces comenzará el debate.

Cada uno que lo empiece como buenamente quiera, yo reconozco que soy bastante incendiario en estas situaciones, me gusta que salten chispas. Recuerdo una comida familiar en la que estaba todo muy tranquilo y no había demasiada conversación, y salté con un tema que no podía fallar dado lo conservadora que es mi abuela. Me bastó con decir: «¿Habéis visto que María tiene novia y ha anunciado en su Instagram que le gustan las chicas?». Un simple gesto, una asistencia digna del mismísimo Andrés Iniesta para que todos aquellos que forman parte de la comida y están un poco chapados a la antigua opinen al respecto y se genere ese debate generacional, entre el sector joven que sabe y entiende que cada uno es libre de querer o amar a la persona que quiera sea del sexo que sea y por otro lado el sector más mayor, en el que algunos lo entienden y lo aceptan y a otros les parece una aberración y están totalmente en contra.

Sé que esto no tiene demasiada relación con el asunto de este libro, pero creo que ya me conoces a estas alturas y sabes que de vez en cuando me voy por las ramas. De todos modos, solo era un ejemplo para que, una vez iniciado el debate, decidas de qué forma lo abordarás y tengas presentes las posibles consecuencias.

Cuando hablas con tus padres o con gente mayor que tú y que ha visto jugar a Maradona y a Leo Messi, muchos de ellos comentan que Maradona es lo más grande que han visto jamás y que si Messi hubiera jugado en el fútbol de antes no habría sido tan grande.

A este respecto hay opiniones para todos los gustos. Empecemos con los jugadores de la época de Maradona, Pelé o Baggio; es decir, con futbolistas del siglo pasado.

Hay que tener en cuenta varias cosas. La primera, que en el fútbol de antes los árbitros eran excesivamente permisivos, tenían que partirte la pierna y que se te saliera el hueso para que pitaran falta o sacaran una tarjeta. Esto es importante porque es la primera arma que sacará la gente adulta para zanjar el debate lo antes posible. Lo cierto es que en este punto en concreto tienen razón: los defensas eran mucho más duros e intimidaban infinitamente más que cualquier defensa de hoy en día.

También es verdad que cuando ves vídeos de goles y jugadas de Pelé, por ejemplo, te sorprende la cantidad de errores defensivos. Los jugadores están mucho menos organizados a la hora de defender, dejan infinidad de espacio para que el delantero haga su jugada y evidentemente, un jugador de la talla de Pelé hace lo que quiere y los regatea a todos como si nada. Mucho ojo, con esto no digo que lo que hacía fuera fácil, tiene goles imposibles que hoy en día aparecerían en nuestro *feed* de TikTok veinticuatro mil veces, pero es un hecho que los equipos estaban menos preparados tácticamente y los entrenadores no estudiaban tanto, ni tenían las herramientas para plantear defensas más efectivas contra los jugadores del equipo rival.

En tiempos de Maradona, ya se veían defensas mucho más preparadas y jugadores consagrados en exclusiva a la tarea de parar al 10, fuera como fuera. Si por el camino tenían que dejarle los tacos en la pierna como recuerdo, lo hacían sin ningún miramiento. Aun así, el 10 siempre encontraba escapatoria en cada jugada con alguna genialidad que dejaba boquiabierto a todo el mundo.

Por otro lado debemos hablar de los terrenos de juego, que son un buen melón. Si ves cualquier vídeo de mejores jugadas de estas leyendas, ves campos terribles en los que el césped se cae a trozos. Tu mayor miedo no es el central al que te enfrentarás, sino que un esprint mal ejecutado sentencie una de tus piernas. Sin embargo, si comparamos con los terrenos de juego actuales, casi todos ellos son espectaculares, deben seguir unas normas de cuidado muy estrictas y lucen un aspecto magnifico..., excepto para Xavi, que ya sabes que no lleva muy bien los céspedes de los equipos rivales.

Al ver algunas jugadas de Maradona, comprendes hasta qué punto era todo un desafío hacer todos esos regates y filigranas que los jugadores de hoy serían incapaces de ejecutar en aquellos terrenos impracticables.

Haciendo un análisis muy somero (no nos engañemos: no soy Maldini), creo que si Maradona jugara en el fútbol actual sería un escándalo, se pasearía por los campos y dejaría a todos los rivales sentados en cada jugada sin despeinarse. A cualquier defensa le sería casi imposible plantarle cara y defenderlo, porque si era capaz de hacer esas virguerías en un fútbol en el que los defensas no tenían miramientos ni sentimiento de culpa si te rompían la pierna y eso acababa con tu carrera, en esos campos tan mal cuidados y peligrosos para el juego, con árbitros que no te pitaban falta ni aunque hicieran las mayores barbaridades, estoy seguro de que iría muy sobrado y sería un jugador de la talla de Messi y Cristiano. No me cabe la menor duda.

El único problema que podría tener en el fútbol de hoy en día son los controles antidopaje, más frecuentes en la actualidad. Los jugadores no tienen tanta libertad para tomar lo que tomaban por las noches, pues darían positivo de inmediato. Dicho esto, también creo que, con la conciencia y mentalidad que hay ahora contra las drogas, muy probablemente habría tenido más ayudas para dejar lo que tomaba y se habría rodeado de un equipo para evitar caer en esas cosas.

En el caso de Pelé, después de ver todos los documentales y algún partido de la época, creo que podría ser un jugador *top* mundial, pero tengo mis dudas de si marcaría la diferencia hasta el punto en que lo hizo. En el fútbol de su época, destacar era más fácil para este tipo de jugadores tan por encima del resto. Si ves cualquiera de sus partidos, comprobarás que los defensas están muy desorganizados y cometen muchísimos errores que son caramelos para un jugador superdotado capaz de aprovecharlos y hacer cualquier genialidad para superarlos.

No sé si frente a planteamientos defensivos de equipos como el Inter de Milán o el Atlético de Madrid de ahora, por poner algún ejemplo, sería capaz de regatear y driblar como lo hacía en su época.

Si lee esto alguien que viera jugar a Pelé en directo, tal vez se tiraría de los pelos y me llamaría de todo, porque lo que hacía Pelé no se había visto nunca. Cierto es que he visto varias veces algunos partidos suyos y sus mejores jugadas, no lo viví en su momento, pero esta solo es mi opinión y se basa en lo que he visto.

Dicho esto, ¿qué pasaría si Messi o Cristiano Ronaldo, Neymar, Lamine, Mbappé o Vinícius Júnior hubieran jugado en el fútbol del siglo xx? ¿Habrían sido capaces de hacer todo lo que hacen ahora? Creo que no.

Tranquilo, no te pongas nervioso, ahora me explico. Jugar en el fútbol actual sería más fácil para alguien como Maradona, porque por su estilo de juego tendría más facilidades y los árbitros lo protegerían mucho más, no le supondría tanto desafío, ya que de hecho tendría menos obstáculos para practicar su fútbol.

Sin embargo, me cuesta mucho más imaginarme cómo los jugadores del fútbol actual se adaptarían al fútbol de entonces, básicamente porque han crecido acomodados en este tipo de juego, saben que si los tocan o los molestan un poco en alguna jugada el árbitro señalará falta y tienen la tranquilidad de que los jugadores rivales miden mucho más las entradas, ya que saben que cualquier acción que ponga en riesgo al rival será roja directa.

También se han acostumbrado a jugar en campos perfectos, casi nunca lo hacen en terrenos de juego con complicaciones parecidas a las que había antes. De hecho, en cuanto se encuentran en este tipo de escenarios, nada más acabar el partido salen a protestar en la zona mixta por el estado del césped.

Por todo esto, me parece más difícil pasar de este tipo de fútbol tan «perfecto» y «correcto» a otro que podía ser una auténtica jungla y en el que cada acción del partido se disputaba a vida o muerte. Porque si ya están habituados a tenerlo todo bajo control y saber más o menos por dónde irán los tiros en cada jugada, creo que notarían mucho más la diferencia y les costaría más adaptarse.

Con esto me refiero a perfiles tipo Messi, el Cristiano Ronaldo del Manchester United y de los primeros años en el Real Madrid, Lamine Yamal, Vinícius Júnior o Neymar.

Por otro lado, sí creo que al perfil de los últimos años de Cristiano Ronaldo en el Real Madrid, Juventus, Manchester United y Al-Nassr no le costaría adaptarse y probablemente marcaría la misma cantidad de goles o más en cada partido. El estilo de juego más de delantero de área que ha adquirido en sus últimos años de carrera lo haría rendir a un nivel similar.

Cada tipo de jugador es un mundo. Un futbolista que creo que habría disfrutado mucho en el fútbol de la época de Maradona es el exdefensa central del Real Madrid, Pepe. Imagina lo que habría sido ese jugador con la permisividad que tenían los árbitros de aquel entonces y la ausencia de tanta multitud de cámaras. Se habría llevado por delante a más de un jugador.

Lo bueno de esto es que es una fantasía, nunca sabremos la realidad de lo que habría pasado si Maradona hubiera jugado en el Barça de Guardiola, así que se permite cualquier burrada o comentario extemporáneo, porque nunca se podrá comprobar. La única forma de hacerlo canon sería de forma virtual en el videojuego del *FIFA*, donde en un mismo equipo puedes jugar con Maradona, Ronaldinho, Messi, Maldini, Cristiano Ronaldo...

Molaría mucho que el juego te permitiera adaptar partidos a épocas concretas, es decir, que pudieras jugar en estadios con terrenos de juego impracticables y con árbitros mucho más permisivos, al menos podríamos ver algo más realista que nos acercaría un poco más a lo que habría sido en realidad.

Así que ya sabes: en tu próximo evento familiar o con amigos, plantea un nuevo tema de debate y ¡que salten las chispas! Espero que este capítulo te sirva para reflexionar al respecto.

Y si por cualquier motivo no tienes la oportunidad de debatir sobre esto con nadie, siempre puedes escribirme a mi perfil personal de Instagram y compartir tu punto de vista. Será divertido leer y hablar sobre esto contigo.

CARTA ABIERTA AL FÚTBOL

Ahora sí que sí, llegó el momento que nadie quería que llegara (o sí), el momento de la despedida. Después de muchas páginas proponiendo diferentes temas de debate y opinión sobre la pasión que compartimos, el fútbol, ha llegado la hora de decir adiós.

Quiero despedirme con una carta abierta a este deporte que amo sobre cómo con el paso del tiempo me ha hecho madurar y darme cuenta de tantas cosas sobre la vida gracias a una simple pelotita.

Cuando vuelvo la mirada a cómo vivía el fútbol años atrás, en la época en la que creaba contenido sobre este, cuando vivía experiencias únicas con mi padre o iba al Camp Nou y me emocionaba en cada partido de mi equipo, lo recuerdo como algo que me hacía perder la cabeza por completo. Si el Barça no ganaba, estaba hundido, no quería ver a nadie esa noche, y si ganaba ocurría todo lo contrario. Siempre me río cuando hablo con un amigo que es del Espanyol y antes de cada partido decimos: «Esta noche salimos. Si gana el Espanyol, beberé para celebrarlo, y si perdemos, beberé también, pero para ahogar las penas».

Y es que esto es el fútbol, una pasión desmedida que le da sentido a la vida de muchas personas. Gente que tal vez tiene una situación familiar o laboral complicada, gracias a este deporte encuentra un espacio en el que poder emocionarse, sentir, vivir. Tiene la capacidad de convertir un momento de vida complicado en un momento feliz gracias a que tu equipo ha logrado algo increíble.

Te hace vivir momentos duros que te preparan para el mundo real, te das cuenta de que hay historias de amor, que por muy bonitas que parezcan a veces tienen final. Los primeros cuernos te los ponen en el fútbol, cuando un jugador de tu equipo que pensabas que siempre sería fiel a tus colores se marcha para poner rumbo al conjunto rival.

Pero también te muestra que existen personas con valores y que siempre ponen por delante el amor a un escudo antes que el dinero, como lo hizo Totti con la Roma. Te das cuenta de que por muchas traiciones que puedas llegar a vivir siempre existirá esa persona indicada que te va a acompañar durante toda una vida y te será siempre fiel, aunque venga el PSG o Manchester City de turno y le ofrezca una vida con muchos lujos y millones.

Con el fútbol he vivido un proceso de madurez del que he sido muy consciente, he visto cómo a medida que pasaban los años lo he relativizado todo mucho más. Sigo amando al Barça y queriendo que gane cada partido. Pero cuando en tu vida aparecen personas que adquieren un papel más importante o sobrinos que traen luz a tu vida, comprendes que el fútbol solo es un complemento, y es un complemento maravilloso que te regala momentos increíbles con los tuyos, viajes que siempre recordarás y partidos que siempre quedarán en tu retina, pero no deja de ser un complemento.

Aprendes a disfrutar mucho más de los buenos momentos que te da el deporte y los utilizas en situaciones complicadas de tu vida para que te ayuden a levantarte y a no estar tan hundido pese a que tus problemas personales en ese preciso instante sean muy duros, y cuando tu equipo pierde, gestionas mejor esas derrotas porque sabes que en tu vida han aparecido cosas más importantes y que van a ser claves para ti.

Otra de las cosas en las que me he fijado con el paso del tiempo ha sido cómo he aprendido a disfrutar de los personajes que nos regala este deporte. Como he comentado anteriormente, antes me enfadaba al oír las provocaciones de José Mourinho a Guardiola en las ruedas de prensa, me irritaba al ver esas declaraciones en las que Cristiano Ronaldo decía que la gente lo envidiaba por ser guapo y rico. Sin embargo, en los últimos diez años pasé por un proceso de madurez que me enseñó a disfrutar de todos esos momentos. De hecho, uno de mis mejores amigos y yo nos pasamos el día imitando y viendo los mejores momentos de Mourinho en rueda de prensa, como cuando estaba en el Manchester United y decía frases como: «El resultado ha sido de 3-0 en contra. ¿Sabes lo que significa? Que hemos perdido 3-0, pero también significa tres Premier Leagues y he ganado más que los otros diecinueve entrenadores de esta liga juntos, un poco de respeto», y se marchaba tan pancho mientras hacía el gesto de calma a los periodistas. Histórico.

Gran parte de ese proceso de madurez se lo debo al Centre d'Esports Sabadell, a ver a mi padre vivir ese momento en el foco mediático de un club, aunque el equipo disputase una categoría de fútbol menor. Los aficionados ponían en tela de juicio todas sus decisiones, todos los caminos que elegía. Esa presión que vivía mi padre la sufríamos todos en casa, y lo pasábamos mal. Entonces comprendí que si el Barça, mi equipo, perdía o pasaba por un mal momento, no lo sufría tanto. Solo me preocupaba que el Sabadell ganara sus partidos y que mi padre no saliera mal parado.

Post United también fue clave en este cambio de mi relación con el fútbol. Tener la oportunidad de crear y formar parte de un proyecto tan ilusionante me hacía invertir todas mis energías en eso. Estoy seguro de que si Post United hubiera existido cuando Iniesta marcó el gol en Stamford Bridge que clasificó al Barça para la final de la Champions en Roma, lo habría celebrado mucho menos que una ampliación de capital que permitiera que el proyecto siguiera vivo o el cierre de una campaña de publicidad importante para la empresa.

Por ejemplo, durante el año en el que he escrito este libro el Barça ha vuelto a pelear por todas las competiciones posibles y ha vuelto a ilusionar a todos los fans. Lo he disfrutado como un enano. El momento más duro, cuando el Inter de Milán rompió con el sueño de todos los culés al eliminarnos en la vuelta de las semifinales de la Champions, me dolió y me sentó mal, pero ese sentimiento duró muy poco porque en mi vida había aparecido la oportunidad de escribir un libro por primera vez y, lo más importante, mi hermana me comunicó que iba a ser madre. Cuando vas a ser tío por primera vez, el fútbol pasa a un plano secundario.

Mucha gente me ve por la calle o en algunos vídeos que subo ahora en las redes sociales muy alejados del tipo de contenido de antes, y me comenta cosas como: «Madre mía, este tío era el que reaccionaba a los partidos del Barça, cómo lloraba cuando perdieron contra la Roma, ja, ja, ja, ja».

Lo cierto es que antes me habrían afectado estos mensajes, pero ahora los recibo con gusto, porque comprendo cómo ha cambiado mi percepción de este deporte. Antes me volvía loco, insultaba a los jugadores del equipo rival, me quejaba por cada acción en la que consideraba que el árbitro se había equivocado, o me reía de cada derrota o problema del Real Madrid. Ahora lo veo todo diferente e intento que el fútbol sea solo un complemento que me haga disfrutar y tener momentos buenos en la vida diferentes a los que vivo en mi día a día.

El fútbol es maravilloso, siempre estaré agradecido por todos los momentos que me ha dado, los buenos y los malos. Me hizo disfrutar de momentos únicos con mi padre cuando era pequeño, me regaló oportunidades increíbles cuando empecé a crear contenido en las redes sociales y, ahora, ya con veintisiete años, me ha dado la oportunidad de escribir un libro para compartir mi punto de vista y anécdotas especiales con todas aquellas personas que habéis querido comprarlo.

Te doy las gracias, fútbol. He crecido contigo, he llorado, me he reído, he sufrido y, por encima de todo, he disfrutado.

Cada uno vive el fútbol y la vida de una forma diferente, siempre es bueno ver y oír puntos de vista que no coinciden con el tuyo. Podemos ser de equipos diferentes y tener opiniones distintas. Sin embargo, con respeto y una buena conversación, estoy seguro de que siempre llegaremos a un punto de encuentro. Es lo bueno que tiene este deporte, porque, como ya sabes, el fútbol muchas veces es descomplicado.

AGRADECIMIENTOS

Quiero aprovechar este espacio para dar las gracias a todas aquellas personas que han formado parte de este libro.

Gracias a Cristina Serra y a Albert Martínez por compartir el primer esbozo que escribí sobre las redes sociales con la agencia literaria Ute Körner. Ese gesto fue clave para que esto fuera posible.

Gracias a Íñigo Cebollada, por haberme acompañado y guiado durante todo este camino en el que iba muy perdido desde el primer momento y por haber apostado por mí mostrando mi perfil en cada reunión y haciendo posible que este proyecto haya salido adelante.

Gracias a Martina Torrades, editora de este libro, por todos los consejos e ideas que me han ayudado a abrirme paso en un mundo que desconocía por completo.

Gracias a mi familia y a mis amigos, por aguantarme y apoyarme durante estos meses de escritura en los que puedo haber sido un poco complicado.

También quiero hacer una mención especial de mi abuela, que siempre me ofreció sus consejos y sabiduría, ya fuera por llamada o en persona. Me contagió su ilusión en este proyecto y me hizo creer.

Quiero agradecer también a todas esas personas que me seguíais y veíais mis vídeos cuando tenía mi canal de YouTube iamSteve, los que me apoyasteis desde el inicio de Post United y los que me escucháis en el pódcast *El After de Post United*.

Y, por último, dar las gracias a Marcia, una persona maravillosa que me ha acompañado en todo este camino, se ha leído cada capítulo (pese a no tener ningún tipo de conocimiento sobre fútbol) y me ha dado consejos e ideas claves para no rendirme en ningún momento, pese a que el desafío fuera muy nuevo para mí.

Muchas gracias a todos: este libro también es vuestro.